실버 레(뇌)크리에이션

유성수 · 유승숙 · 김성희 저

- ● 치매 예방을 위한 인지건강 프로그램—타/타/타
- ● 유성수의 웰다잉 핵심 삶! 숨? 쉼,

도서
출판 **범한**

실버 레(뇌)크리에이션

머리말

우리에게 주어진 시간은 누구에게나 공평하다. 1분은 60초, 하루는 24시간. 언제나 누구에게나 시간은 똑같이 주어진다. 시계와 달력으로 시간을 재단하고 관리하지만 때로 시간은 순식간에 날아가 버리기도 하고, 때론 영원할 것처럼 늘어지기도 한다.

똑같이 주어진 시간을 긍정적인 생각으로 보내느냐 부정적인 생각으로 보내느냐에 따라서 우리의 삶과 수명은 밀접한 관계가 있다. 노년인구가 증가하면서 뇌 건강에 대한 관심이 증가하고 있는 가운데 『미국 의학협회지』(JAMA)에 실린 논문에 의하면 '젊다고 생각만 해도 수명이 늘어날 수 있다'고 한다. 평균 나이 65세인 남녀 6,489명을 대상으로 이들의 8년 뒤 사망률을 조사한 결과, 스스로 젊다고 생각했던 사람들의 수명이, '난 늙었어'라고 말하는 사람보다 1.7배 길었고, DNA(유전자)로 측정한 '생물학적 나이'도 젊어졌다.

현대인들이 두려워하는 질병은 무엇일까? 그것은 아마 치매일 것이다. 치매는 대표적인 노인 질환으로 사회의 고령화와 함께 사회적 문제로까지 인식되고 있다. 보건복지부가 발표한 치매 환자 증가 추세를 보면 2010년 48만 명에서 2012년 54만 명으로 늘어났으며 지금의 추세대로라면 2050년에는 치매 환자가 무려 271만 명에 달할 것이라고 한다.

치매가 노인에게 국한된 질병이 아니라는 점 때문에 젊은 시절부터 꾸준히 뇌 건강에 관심을 갖고 운동을 생활화 할 필요가 있다. 치매를 예방하는 방법 중 가장 효과가 있는 방법은 바로 신체를 움직이는 것이다. 신체의 모든 근육의 움직임은 신경과 연결되어 있고 이것은 그대로 뇌신경으로 전달되어 뇌를 자극시킨다. 치매 예방을 위한 가장 손쉬운 방법은 뇌의 축소판으로 여겨지는 손 운동 및 손가락 운동을 꼽을 수 있다. 습관처럼 손을 움직이는 것만으로도 뇌 건강을 지킬 수 있다.

이 책을 접하는 독자들에게 실버레(뇌)크리에이션 1탄인 어르신들의 '뇌' 감각을 깨우는 8고 8박 365운동에 이어 2탄으로 "치매 예방 두뇌운동인 타타타!(손뇌타, 손얼타, 손몸타, 손공타, 손컵타)"와 뇌크댄스를 만들었다. 치매 예방 두뇌 운동인 타타타!를 배우고 익히고 가져갈 수 있도록 실전게임 위주로 만들게 되었다. 또한 이 책은 실버 레크리에이션 프로그램의 개발을 위한 지침서일 뿐 아니라, 실버 레크리에이션을 진행하는 지도자나, 새롭게 시작하는 모든 분들에게 도움을 줄 수 있는 이론과 실전을 총망라해서 다루고 있는 실버 레크리에이션 총서라고 할 수 있다.

실버레크리에이션을 사랑하는 독자분들에게 "해 달 별 바람"이라는 말처럼, 어떤 일이든 "해보면", "달라질 수" 있고, 처음엔 어렵지만 "별거"아닌 것을 깨닫고 결국 "바라는 대로" 다 이루어질 수 있는 국민의 건강을 위해 앞으로 계속 연구하고 개발할 것이다. 우리에게 주어진 삶! 잘살고, 잘 준비하고, 잘 마무리하는 웰다잉의 핵심 3가지로 삶, 숨, 쉼의 소중한 가치로 만들기 바란다. 끝으로 이 책을 집필하는 동안 함께 개발한 제자 유승숙, 김성희와 아낌없이 격려해 주셨던 주위의 모든 분들과 이 책을 통해 자신의 꿈을 펼쳐갈 독자들에게 행복이 가득하길 소망한다.

유 성 수

Contents

Contents

VIII. 실버웃음치료　251

IX. 웰다잉의 핵심 세 가지 삶! 숨? 쉼,　279

뇌크리에이션

1 뇌와 구조

뇌의 무게는 보통 1,4kg으로 남자 성인 몸무게를 70㎏으로 할 때 약 2%에 해당 한다. 뇌의 80% 는 물이고 우리가 호흡하는 산소 소비량의 약 20%와 소모하는 칼로리의 약 20%를 사용하고 있다. 뇌의 가장 독특한 특징은 바로 수많은 주름이다. 대뇌는 뇌의 질량의 80%를 차지한다. 뇌세포는 5 개월 마다 새롭게 교체된다.

뇌는 25세에 절정에 이르고 50세가 지나면 점차적으로 감량하는데, 90세가 되면 약 10%가 감소 되고 발달이 쇠퇴한다고 한다. 그러나 최신 뇌과학 연구에 따르면 뇌는 사용하는 만큼 뉴런(신경의 가장 작은 단위)이 계속 발생하고 발달한다고도 한다. 뇌에는 1,000억 개가 넘는 신경세포와 수 조 개의 보조 세포인 아교세포가 있으며, 각 신경세포는 다른 신경세포들과 많게는 4만 개까지 시냅스 를 이루고 있다.

인간의 뇌는 크게 세 분류로 나뉘는데, '삼위일체의 뇌(Triune Brain)' 분류 방식이 일반적으로 통용 된다. 이 이론의 요점은 인간의 뇌를 뇌간(brainstem), 파충류의 뇌, 변연계(limbic system), 포유류의 뇌, 대뇌피질(cerebral cortex), 인간의 뇌의 세 개의 기본 영역으로 나눌 수 있다는 것이 다(MacLean, P.D., 1990).

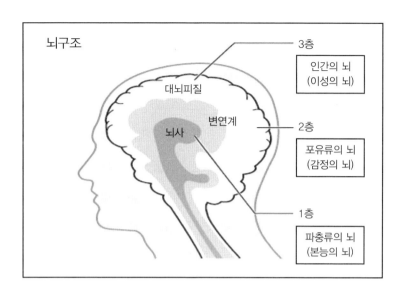

뇌간은 뇌의 가장 깊숙한 곳에 자리 잡고 있으며, '생명뇌'라고도 불린다. 파충류 때부터 존재해 온 부위로 몸 전체의 신체 반응과 관련이 있다. 호흡과 순환, 소화, 체온조절, 체액분비, 심장박동, 호흡, 배변 등과 같은 생명에 직결되는 기능을 담당하는 기능을 한다. 변연계는 파충류 이상의 많은 포유류들에게 공통적으로 존재하는 부위로 해마(Hippocampus)와 편도체(AMmigdala)가 있다. 해마는 기억을 저장하는 일을 주로 담당하고, 편도체는 본능적인 정서조절에 관여하고 있다. 대뇌피질은 이성, 지성, 판단 등 고도의 기능을 담당한다.

2 대뇌

대뇌는 가장 부피가 큰 부위로 전체 뇌의 약 80%를 차지하며, 전체 혈액 공급량의 15%를 소모한다. 뇌의 가장 바깥쪽에 자리 잡고 있으며, 대뇌피질(cerebral cortex)이라고도 한다. 이 부위는 좌, 우로 독립되어 나누어진 두 반구를 가지고 있는데, 양반구는 뇌량(corpus collasum)을 통하여 서로 정보를 교환하고 있다(조주연, 2001). 대뇌는 전후로 깊은 도량이 있어 두 반구로 나뉘는데 좌뇌반구와 우뇌반구라 지칭한다.

〈표 1-1〉 좌·우뇌 기능 특성(McCarthy, 1986)

좌뇌의 특성	우뇌의 특성
주지적이다.	직관적이다.
이름을 잘 기억한다.	얼굴을 잘 기억한다.
언어적 설명이 효과적이다.	그림이나 상징적 이미지를 제시하며 설명하는 것이 효과적이다.
체계적이고 통제 속에 실행한다.	계획 없이 최소한의 제한으로 실행한다.
문제를 부분적으로 나누어 논리에 따라 순차적으로 해결한다.	문제를 전체적으로 살핀 후, 예감이나 육감을 가지고 해결한다.
객관적으로 해석한다.	주관적으로 해석한다.

좌뇌의 특성	우뇌의 특성
구조적이고 계획적이다.	융통성이 크며 무의식적이다.
확실하고 정확한 지식을 선호한다.	포착하기 힘든 애매모호한 정보를 선호한다.
분석적으로 독서한다.	종합적으로 독서한다.
글 쓰고 말하는 것을 좋아한다.	물건을 만지고 조작하거나 그림을 그리는 것을 좋아한다.
사전에 계획한 연구나 활동을 좋아한다.	자유롭고 열린 연구나 활동을 좋아한다.
선택형으로 질문한다.	개방적으로 질문한다.
위계적 권위구조를 좋아한다.	구성원 모두에게 기회가 열려 있는 참여적 권위구조를 좋아한다.
감정을 절제한다.	상대적으로 자유롭게 감정을 표현한다.
시각적·청각적 자극에 잘 반응한다.	신체 활동적 자극에 잘 반응한다.
몸짓의 해석이 난해하다.	몸짓으로 해석에 용이하다.
은유나 유추는 거의 사용하지 않는다.	은유나 유추를 자주 사용한다.
단일 변인 연구를 선호한다.	다변인 연구를 선호한다.

3 뇌기능의 역할

　　대뇌피질은 사람의 뇌의 영역 중 가장 많은 부분이며 가장 많은 발달이 되어 있는 영역이다. 대뇌피질은 운동, 감각, 연합기능을 담당하며 전두엽, 두정엽, 측두엽, 후두엽의 4개 영역으로 나누어지고 각각의 역할이 다르다. 이들 각 부위는 세분화된 기능을 수행하기도 하지만, 서로 연결되어 작용하기도 한다.

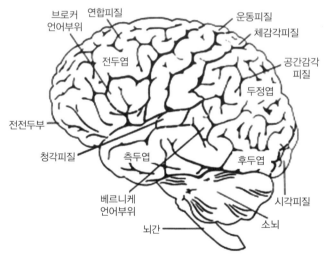

출처 : 박만상(1997).

[그림 1-1] 대뇌피질

1) 전두엽(Frontal Lobe)

인간의 이마 안쪽에 해당하며 피질의 가장 넓은 부위로 복잡한 기능을 수행하며 브로카(broca) 언어센터가 있어 말을 할 수 있다. 전두엽 가운데서도 이마 눈 위의 부위를 전전두부라고 하는데 자기 행동의 결과를 예측하고 장래의 계획을 세우거나 여러 추상적인 개념을 이해할 수 있게 한다(박만상 1997). 전두엽은 기억, 사고, 판단, 정서 등의 활동을 담당한다.

2) 두정엽(Parietal Lobes)

머리의 정상 부분으로 감각중추가 있어 외부로부터 전해지는 감각을 받아들인다. 공간적 사고와 인식 기능, 계산 기능 등을 수행 한다(김종성, 2005). 피부의 감각 수용기로 팔, 다리, 얼굴 등으로 부터 자세나 위치를 감지하는 부분을 포함하며 역할은 체감기능을 담당한다. 기능으로는 공간능력, 감각능력, 운동능력, 예술 이해와 감상 동작과 같은 기능을 한다.

3) 후두엽(Occipital Lobes)

머리 뒤통수에 해당하며 시각중추가 자리 잡고 있어 시각정보를 처리하는 곳이다. 인간이 눈을 통해 사물의 상을 본다면 이곳을 통해 사물이 무엇인지 인식할 수 있다(김종성, 2005). 대뇌의 뒤쪽에 위치하며 시신경에서 시각정보를 받아 시각을 분석하는 역할을 담당한다. 기능으로는 시각적 감각, 관찰력과 같은 기능을 한다. 후두엽은 시각을 담당하는 신경 중추를 담당한다.

4) 측두엽(Temporal Lobes)

뇌의 옆 부분이며 청각 중추, 후각 중추가 있다. 또한 전두엽에는 말을 실제로 할 수 있게 하는 브로카 언어영역이 있다면, 이곳에는 언어를 이해하고 해석하며 말을 할 때 단어를 정확한 구문으로 종합해 주는 베르니케 언어 중추가 자리 잡고 있다(박만상, 1997). 대뇌의 양쪽에 있으며 청각과 후각에 관계되는 부위로부터 정보를 받아 처리하는 역할을 한다. 역할은 청각기능을 담당한다. 기능으로는 소리감각, 언어이해, 기억력과 같은 기능을 한다. 측두엽은 청각, 후각, 정신 작용의 중추기관을 담당한다.

4 기억력 발달 특성

　기억이란 개체의 정신활동에 필요한 정보를 받아들여 뇌 속에 기록하여 저장했다가 필요한 때에 의식세계로 꺼내어 사용할 수 있는 정신활동이다. 애트킨슨-쉬프린(Atkinson-Shiffrin)의 다중기억 모형에 따르면 기억은 감각기억, 단기기억, 장기기억으로 나뉜다고 한다. 감각기억은 오감을 통해 접한 정보를 짧은 시간동안 유지하는 것을 말하며, 단기기억은 전두엽과 관련이 있는데, 대뇌피질에서 일어난 어떤 일시적인 변화에 의한 것이다. 장기기억은 대뇌의 측두엽과 해마가 관련되어 있다. 장기기억은 측두엽에서 새로운 정보가 해마로 입력되어 내용을 정리 정돈하고 필요하다고 판단한 정보를 다시 측두엽으로 보내 장기 저장한다. 감각기억은 오감을 통해 접한 정보를 짧은 시간동안 유지하는 것을 말한다.

　기억은 입력, 저장, 재생의 순으로 진행된다. 기억은 측두엽에서 새로운 정보가 해마로 입력되어 내용을 정리 정돈하고 필요하다고 판단한 정보를 다시 측두엽으로 보내 장기 저장한다. 그리고는 전두엽에서 필요로 할 때 보관 창고인 측두엽에서 기억을 꺼내 준다. 이것이 기억의 회상과 재생이다.

<표 1-2> 세 가지 기억저장고의 특징

	감각기억	단기기억	장기기억
지속시간	약 1~3초	약 20~30초	무제한
용 량	많은 양	5~9개	무제한
상 실	쇠퇴	대치, 쇠퇴	상실되지 않음
내 용	감각기관을 통해 들어온 모든 자극	단어, 문장, 아이디어, 심상 등	의미기억 일화기억 서술기억 절차기억

　미국 에모리 대학교의 파트리샤 바우어와 마리나 라르키나 교수팀은 5살된 어린이 83명을 대상으로 최근 몇 개월 내에 있었던 일들을 기억하게 했다. 그리고 수년 후 같은 아이들에게 3세 때 이야기 했던 경험을 다시 떠올려보도록 했다. 그 결과 5~7세 아이들은 3세 때 이야기했던 경험의 63~72%를 기억하는 반면, 8~9세 아이들은 35%만 기억해 냈다. 7세를 기준으로 3세 이전의 경험했던 일들을 기억하는 능력이 50% 이상 크게 떨어진 것이다. 성인이 기억을 잃는 가장 흔한 경우는 과음으로 인한 단기 기억 상실이다. 기억을 상실한다는 것은 치매이다. 치매란 기억력을 비롯해 언어 능력, 인지 능력, 시공간 구성능력 등이 점차적으로 저하된 상태를 말한다. 21세기 고령화 사회로 "치매"가 대표적인 노인 질환으로 사회의 고령화와 함께 사회적 문제로까지 인식되고 있다.

건강인지 프로그램

1 노인성 치매

1) 치매 정의

치매란 인간의 대뇌가 인지적 기능과 고등정신 및 사고력이 퇴화되는 기질적 정신장애(Organc menter disorder)로 장기기억 및 단기기억 장애를 말한다. 치매를 뜻하는 영어 'Dementia'는 '정신(-mens)'이 '사라지는(de-)' '상태(tia)'란 뜻이다. 치매는 의학적으로는 기억장애가 있으면서 동시에 언어장애, 방향감각 상실, 계산력 저하, 성격 및 감정의 변화 등 4가지 중 1가지 이상이 나타날 때 치매로 진단한다.

노인인구가 증가함에 따라 치매(Dementia)는 가장 큰 사회적 관심이 되고 있다. 치매는 정상적으로 생활해오던 사람이 다양한 원인에 인해 뇌 기능이 손상되면서 이전에 비해 인지 기능이 지속적이고 전반적으로 일상생활에 상당한 지장이 나타나고 있는 상태이다.

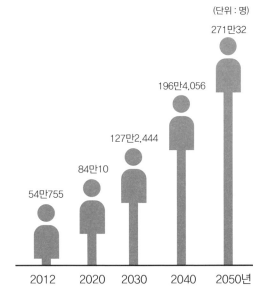

(단위 : 명)

271만32

196만4,056

127만2,444

84만10

54만755

| 2012 | 2020 | 2030 | 2040 | 2050년 |

자료 : 보건복지부, 2012년 치매 유병률 조사 결과.

[그림 2-1] 65세 이상 노인 치매환자

일반적으로 치매는 뇌의 기능적 이상으로 인하여 발생하는 인지기능의 저하와 이로 인한 일상생활의 장애를 보이는 퇴행성 질환을 말한다(Mendez et al., 2003). 치매는 기억장애와 함께 언어장애, 성격변화, 방향 감각 소실, 계산력 장애, 판단력 장애, 추상적 사고장애 등이 점차적으로 수반되며, 일상적인 활동 및 대인관계에 문제를 일으키게 된다.

치매를 일으키는 원인 질환은 수 없이 많다. 이를 크게 세 가지로 분류하면 첫째 노인성 치매로 알려진 알츠하이머병, 둘째 혈관성 치매, 셋째 그 밖의 질환으로 분류할 수 있다. 특히 치매 중 알츠하이머병과 혈관성치매가 차지하는 비율이 전체의 80~90%로 많은 비중을 차지하고 있다.

〈표 2-1〉 치매의 종류

종류	주요 위험요인	치료·예방	비율
알츠하이머성 치매	고령, 여성, 가족력, 우울증, 두부 손상력 등	초기에 진단 받으면 치료제로 질병 진행 방지 또는 지연 가능 중기 이후는 정신행동증상에 대한 대증적 치료 병행	50~70%
뇌혈관성 치매 (뇌출혈, 뇌경색)	고혈압, 심장병, 당뇨병, 동맥경화, 고지혈증, 흡연 등	위험요인을 관리하면 예방이 가능 인지기능개선제, 항혈소판제제, 항응고제 등의 치료제로 재발 방지	20~30%
기타 치매	갑상선기능저하증 경막하출혈 정상압 뇌수종 양성 뇌종양 비타민 B12 결핍 등	원인 문제를 해결하면 치료 가능	5~10%

치매환자의 60%는 가족이 간병, 주 부양자 1명(배우자 40%, 며느리 17%)이 전담하고 있어 가족이 부담을 지고 있는 실정이다. 치매환자를 위한 가족지원 강화 및 사회적 인식 개선이 필요하다. 치매 관련 서비스제공 업무를 담당하는 전문인력(의사, 간호사, 사회복지사, 요양보호사 등)의 기본 교육 강화를 바탕으로 이론중심 교육과 현장중심의 실질적인 교육 프로그램으로 개선이 절실히 필요하다.

〈표 2-2〉 치매전문교육 확대 계획

(단위 : 명, 누적)

구분	치매환자수	실 진료인원 (의료관리율 적용)	총계	의사	간호사	보건소 및 지원센터	시설종사자 (요양보호사 등)
2012년까지	521,516	366,626	5,695	859	1,641	857	2,338
2013년	548,484	425,624	9,595	1,059	2,641	1,057	4,838
2014년	575,392	484,480	13,495	1,259	3,641	1,257	7,338
2015년	602,092	555,129	17,395	1,459	4,641	1,457	9,838

우리나라는 고령화 속도가 매우 빨라 이와 같은 추세라면 65세 이상 노인 중 치매 환자 수가 2030년에는 약 127만 명, 2050년에는 약 271만 명으로 매 20년마다 약 2배 씩 증가할 것으로 추산된다. 2012년 현재 전체 치매 환자 중 알츠하이머형 치매는 71.3%, 혈관성 치매는 16.9%, 기타 치매는 11.8%이다. 치매 중증도별 분포를 살펴보면, 최경도 치매 17.4%, 경도 치매 41.4%, 중증 치매 15.5%이며, 경도 인지 장애 유병률은 27.82%로 65세 이상 노인 인구의 1/4이 넘는 것으로 추산된다. 치매의 위험은 65~69세에 비해 70~74세는 2.15배, 75~79세는 3.76배, 80~84세는 5.7배, 85세 이상은 39.68배 높은 것으로 확인되었으며, 여성이 남성보다, 저학력자가 고학력자보다 치매 위험도가 높은 것으로 나타났다.

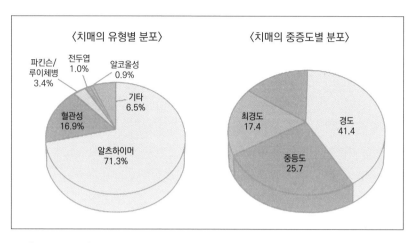

〈치매의 유형별 분포〉 〈치매의 중증도별 분포〉

파킨슨/
루이체병
3.4%
전두엽
1.0%
알코올성
0.9%
기타
6.5%
혈관성
16.9%
알츠하이머
71.3%

최경도
17.4
경도
41.4
중등도
25.7

[그림 2-2] 국내 치매 유형 및 중증도별 분포 보건복지부, 2013

치매는 치매환자의 가족만의 문제가 아닌 우리 사회 전체의 문제로 인식하여 관심과 지원이 요구된다. 또한 치매환자 가족의 재충전 시간을 위한 정기적 모임, 휴식 제공 등 가족지원 프로그램을 발굴·운영을 위한 활성화 방안을 위해 연구하고 개발해야 한다.

국가치매관리위원회는 국민이 일상생활 속에서 보다 체감하고 실천할 수 있는 '치매예방수칙 3,3,3'과 '치매 예방을 위하여 필요한 실천방법'을 의학적 근거에 기반하여 3권(勸)(즐길 것), 3금(禁)(참을 것), 3행(行)(챙길 것)으로 구성하고 식단, 운동, 절주와 금연, 소통 등의 내용을 포함하였다. 이와 함께 세대별 치매예방 액션플랜을 만들고 청년(하루 세 끼를 꼭 챙겨 드세요, 평생 즐길 수 있는 취미로 운동을 하세요), 중년(생활습관에서 오는 병은 꾸준히 치료하세요, 우울증은 적극 치료하세요), 노년(매일매일 치매 예방 체조를 하세요, 새로운 취미를 만드세요, 머리를 부딪쳤을 때 바로 검사를 받으세요, 매년 보건소에서 치매 조기 검진을 받으세요) 등 생애주기별로 특히 유의해야 할 생활습관을 제시하였다(2014년 보건복지부 치매예방수칙).

〈치매 체크리스트〉

최근 6개월간의 해당 사항에 동그라미 해주세요.

순번	내 용	체크(1점)
1	어떤 일이 언제 일어났는지 기억하지 못할 때가 있다	
2	며칠 전에 들었던 이야기를 잊는다.	
3	반복되는 일상생활에 변화가 생겼을 때 금방 적응하기 힘들다.	
4	본인에게 중요한 사항을 잊을 때가 있다. (예를 들어 배우자 생일, 결혼기념일 등)	
5	어떤 일을 하고도 잊어버려 다시 반복한 적이 있다.	
6	약속을 하고 잊을 때가 있다.	
7	이야기 도중 방금 자기기 무슨 이야기를 하고 있었는지를 잊을 때가 있다.	
8	약 먹는 시간을 놓치기도 한다.	
9	하고 싶은 말이나 표현이 금방 떠오르지 않는다.	
10	물건 이름이 금방 생각나지 않는다.	
11	개인적인 편지나 사무적인 편지를 쓰기 힘들다.	
12	갈수록 말수가 감소되는 경향이 있다.	
13	신문이나 잡지를 읽을 때 이야기 줄거리를 파악하지 못한다.	
14	책을 읽을 때 같은 문장을 여러 번 읽어야 이해가 된다.	
15	텔레비전에 나오는 이야기를 따라 가기 힘들다.	
16	전에 가본 장소를 기억하지 못한다.	
17	길을 잃거나 헤맨 적이 있다.	
18	계산 능력이 떨어졌다.	
19	돈 관리를 하는 데 실수가 있다.	
20	과거에 쓰던 기구 사용이 서툴러졌다.	

출처 : 삼성서울병원 건강칼럼, 삼성서울병원

* 체크 한 문항은 1점을 주어 20점 만점으로 계산한다. 이 설문지는 환자를 잘 아는 보호자가 작성하는 설문지로 20개 중 10개
이상이면 치매 가능성이 높다.

2 치매예방을 위한 뇌와 손

뇌 운동은 평생 하는 것이 좋지만, 특히 65세 이상은 매일 뇌 운동을 통해 치매를 예방한다. 나이 들어 치매에 걸릴 확률은 어떤가? 통상적으로 60대 초반에는 1% 이다. 그 이후 5년마다 2배로 증가한다. 60대 후반은 2%, 70대 초반은 4%, 후반은 8%, 80대에는 16~32%가 된다. 평균 수명 80세가 넘는 사회에서는 최소 다섯 명 중 한 명이 치매를 앓게 된다.

치매를 예방하는 방법은 바로 신체를 움직이는 것이다. 특히 손을 자주 사용하면 기억력과 집중력에 효과가 있다는 연구 결과가 나오고 있다. 일본 뇌 과학계의 좌장인 구보타 박사는 손은 인간의 두뇌 진화에 결정적인 영향을 미쳤고, 손을 사용함으로써 두뇌를 자극해 머리가 좋아진다고 주장한다.

손은 제2의 두뇌. 손과 뇌는 밀접하게 연결되어 있어 손을 자극하는 일은 두뇌를 자극하는 것과 같은 효과가 있다. 손을 자주 쓰게 되면 소근육 발달에 도움이 되는 것은 물론 기억력·집중력 향상에도 좋다. 손은 민첩성 및 순발력과 지구력을 기르거나 유지하는 역할 뿐만 아니라 뇌의 신경세포를 자극해 치매 증세가 진행되는 것을 늦출 수 있다고 한다. 손은 뇌 운동 중추의 면적의 30% 정도를 차지하며, 뇌의 축소판이요 자신의 울림판이라 한다. 손은 몸이 기혈을 순환시켜 혈액순환을 순조롭게 하여 뇌를 자극하거나 깨우는데 도움이 된다.

손의 해부학 구조

손은 손목뼈, 손 허리 뼈, 손가락뼈로 구성되어 있다. 손목뼈는 16개(좌·우 포함), 손 허리뼈는 10개(좌·우 포함), 손가락 뼈는 28개(좌·우 포함)로 구성 되어 있다. 또한 손은 수천 개의 신경을 갖고 있으며, 대부분 손가락 끝에 모여 있다. 그렇기 때문에 손끝으로 세밀한 감촉 등을 감지한다. 손바닥에는 1만 7000개나 되는 신경이 집중되어 있어 건강의 지표로서도 활용되는데, 몸이 아플 때 손바닥 지압점을 찾아 자극하면 효과를 볼 수 있다.

손은 여러 신경에 의해 국소적으로 신경 지배를 받아 다양한 움직임이 가능하고 섬세한 운동을 할 수 있다. 손은 단순히 수동적으로 움직이는 존재가 아니다. 뇌의 계획과 프로그램에 따라 집어 들고, 만져보고, 쥐어짜고, 구부리기, 펴기, 쥐기, 모으기, 벌리기 등의 뇌가 내리는 명령을 수행하는 운동기관 뿐만 아니라 정보를 제공하는 감각기관이다.

손을 사용한다는 것은 뇌를 유기적으로 작동시키는 것이다. 좌뇌·우뇌 교류를 활성화시켜 뇌의 균형감을 줄 수 있다. 손을 사용함으로써 어린이들에게 창의력과 두뇌운동을 청소년들에겐 진취적인 생각을 키우고, 성인들에게 스트레스를 해소시키고, 시니어들에겐 치매 예방 운동에 도움이 된다.

3 치매예방을 위한 오손도손

손바닥에는 345개의 경혈점이 있다. 경혈점은 외부와 내부의 기가 소통하는 자극점을 말하고, 경락은 인체의 생명 에너지인 '기'가 흐르는 통로이다. 경혈은 기가 흐르는 통로인 경락 중 반응이 특히 민감하게 나타나는 부위를 말한다. 손을 움직이면 움직일수록 뇌는 할 일이 늘어나 뇌의 움직임이 좋아진다.

1) 오손

(1) 엄지손가락

엄지손가락은 전두엽을 자극하여 뇌를 활성화시켜 폐와 더불어 오장이 더 튼튼하고 건강해진다.

(2) 검지손가락

검지손가락은 검지가 튼튼하면 소화가 잘되고 검지가 창백하고 여위었다면 소화 기능이 좋지 않으며, 변비에 아주 좋은 혈자리이다.

(3) 중지손가락

중지손가락이 가늘고 휘어 있으면 심장이 안 좋거나 뇌, 순환기가 좋지 않다.

(4) 약지손가락

약지손가락은 우리 몸 전신의 순환을 관장하는 중요한 곳이다. 이것은 몸 안의 각 기관에 영양과 산소, 에너지가 몸 밖으로 배출하도록 하는 림프액 같은 체액의 흐름을 담당하는 계통이다.

(5) 새끼손가락

새끼손가락이 휘었다면 비뇨기과 계통에 병이 걸리기 쉽다. 여자라면 월경불순이나 부인과 병에 잘 걸리고 남자라면 허리와 다리가 쑤시고 성 기능이 약해진다.

한국인의 우수한 두뇌를 선조들의 육아법에서 찾을 수 있다. 쥐암쥐암(잼잼)과 곤지곤지, 도리도리, 짝짝꿍의 뜻을 알아보자.

2) 도손

(1) 도리도리

- 뜻 : 천지에 만물이 무궁무진한 하늘의 도리로 생겨났듯이 너도 도리로 생겨났음을 잊지 말라는 뜻이며 대자연의 섭리를 가르치는 뜻이다.
- 동작 : 머리를 좌우로 돌리는 동작을 말한다.
- 효과 : 뇌경색, 치매, 중풍 등의 예방에 탁월한 효과가 있다.

(2) 곤지 곤지

- 뜻 : 하늘의 이치를 깨달으면 사람과 만물이 서식하는 땅의 이치도 깨닫게 되어 천지간의 무궁무진한 조화를 알게 된다는 뜻이다.
- 동작 : 검지손가락을 펴 반대측 손의 손바닥 가운데 닿게 하는 동작이다.
- 효과 : 손바닥 중앙이 복부 중심점이므로 소화흡수를 돕고 오장육부의 균형을 유지하게 한다.

(3) 쥐암 쥐암(잼 잼)

- 뜻 : 그윽하고 무궁한 진리는 금방 깨닫거나 알수 없으니 두고두고 헤아려 깨달으라는 뜻이다.
- 동작 : 두 손을 앞으로 내놓고 손가락을 쥐었다 폈다 하는 동작을 말한다.
- 효과 : 동작은 사지 말단으로 혈액순환을 확산시키는 일종의 펌프질이며, 몸통의 오장육부에도 정체된 혈액이 없어져 편안해지게 한다.

(4) 짝짝쿵 짝짝쿵

- 설명 : 천지좌우와 태극을 맞부딪쳐서 하늘에 오르고 땅으로 내리며 사람으로 오고 신으로 가는 이치를 깨달았으니 손뼉을 치면서 재미있게 춤을 추자는 뜻이다.
- 동작 : 두 손바닥을 마주치며 소리 내는 동작을 한다.
- 효과 : 손은 우리 몸의 축소판이다. 박수를 치면서 우리 몸의 혈액순환에 도움을 준다.

4 치매예방을 위한 뇌체조

    뇌 체조란 신체 기능과 뇌 기능을 연결시키기 위한 활동으로서 학습과 업무를 더 잘하기 위해 두뇌기능을 강화하는 간단한 신체 운동 방법이다. 이러한 두뇌 체조는 교육(education)이라는 단어로 '끌어내다'라는 뜻의 라틴어 educare에서 유래 했으며, 근운동(kinesiology)은 '동작' 혹은 '운동'이라는 뜻의 라틴어 kinesis에서 유래했다.

    뇌 체조는 미국의 교육전문가인 폴 데니슨(Paul Dennison) 박사에 의해 처음 소개되어 발달된 것으로서, 교육근운동(educational kinesiology : Edu-K) 이론에 근거하고 있다. 뇌 체조의 이론적 근거는 학습, 사고, 창조 등의 정신활동이 비단 뇌만의 적용이 아니라 몸 전체의 작용이므로 뇌의 기능을 일깨우기 위해서는 무엇보다 신체의 움직임이 중요하다는데서 출발한다.

    뇌 체조는 동작, 호흡, 마음을 일치시켜 근육과 뼈와 인대를 늘리고 당겨주는 체조이다. 뇌 체조를 함으로써 온몸의 기혈순환이 촉진되고 비뚤어진 신체 균형이 바로 잡히면서 집중력과 지구력을 기를 수 있다.

1) 뇌 체조의 이해

    뇌 체조는 습관적으로 움직이는 동작이 아니라 깨어있는 의식으로 동작하는 것이다. 뇌의 우반구와 좌반구 및 신체를 통합하기 위해 동작을 적용하려는 이론으로서 동작을 통해 두뇌를 활성화시킴으로써 학습의 효과를 증진시키는데 관심을 두고 있다(정종진, 2004).

뇌의 좌뇌와 우뇌의 기능을 통합하고 활성화시키기 위한 신체 동작으로 구성된 두뇌체조는 뇌와 신체를 활성화시켜 학습에 대한 준비성을 갖추게 함으로써 피로회복과 스트레스를 줄이고 주의집중력을 높이는데 있다.

뇌 체조는 주의집중, 자기조절행동 및 고차적인 사고를 하도록 전두엽을 활성화시키고 발달시키며 소근육 운동으로 이루어진 양반신의 근육을 골고루 활성화시켜 주고 뇌량에 수초를 증가시키는데 도움이 된다(Hannaford, 1995).

2) 뇌 체조의 효과

(1) 뇌 체조와 뇌기능과의 관계

학습, 사고, 기억, 창조 등의 정신활동은 뇌만의 작용이 아니라 뇌와 신체 모두의 작용이며 뇌의 기능을 일깨우기 위해서는 무엇보다도 신체의 움직임이 중요하다.

(2) 뇌 체조의 동작

뇌 체조의 동작에는 세 가지 주요 유형이 있다. 첫째는 몸을 교차시키는 운동으로 좌반구와 우반구를 통합시켜 뇌 전체가 효과적으로 작동하도록 한다. 둘째는 스트레칭 운동으로 긴장을 풀어주고 동기가 유발되도록 감정을 통제해 준다. 셋째는 에너지를 생산하고 집중력을 향상시키는 동작으로 뇌의 정서적 부분과 사고 부분을 함께 작동시켜 주의집중을 돕는다(Dennison & Dennison, 1989; 정종진, 2004 참조).

3) 뇌 스트레칭법

좌뇌와 우뇌는 둘 사이를 이어주는 다리인 뇌량을 통해 좌뇌와 우뇌가 골고루 깨어나고 뇌 기능을 활성화 시키는데 좋은 스트레칭이다.

(1) 좌뇌

좌뇌는 몸의 오른쪽을 맡고 있으며, 논리적 언어의 뇌라고도 한다. 좌뇌가 발달하게 되면 언어 구사능력, 문자나 숫자, 기호의 이해, 조리에 맞는 사고 등 분석적이고 논리적이며 합리적인 능력이 뛰어나다.

(2) 우뇌

우뇌는 몸의 왼쪽을 맡고 있으며, 감성 및 이미지 뇌라고도 한다. 우뇌가 발달하게 되면, 상황을 단숨에 파악하는 직관과 같은 감각적인 분야를 담당하며 음악, 회화, 색채, 이미지, 상상과 창조, 비논리적인 감성을 담당한다.

(3) 손끝으로 뇌 두드리기

① 손끝으로 전두엽(앞 이마)을 툭툭 두드린다.
　　(생각, 논리, 이성, 언어 등 고도의 정신 작용을 담당)
② 손끝으로 두정엽(머리 가운데)을 두드린다. (운동신경, 피부감각, 미각, 지각을 담당)
③ 손끝으로 측두엽(귀 위쪽)을 두드린다. (청각, 후각, 정신 작용의 중추기관)
④ 손끝으로 후두엽(뒷머리)을 두드린다. (시각을 담당하는 신경 중추)
⑤ 손끝으로 소뇌(뒷머리의 아랫부분)를 두드린다. (평형감각과 근육운동 조절)

5 치매예방을 위한 실전자료

1) 손뇌타

(1) 손뇌타 - 1

① 양손 손가락 1개를 편다.

② 양손 손가락 2개를 편다.

③ 양손 손가락 4개를 편다.

④ 양손 손가락 5개를 편다.

(2) 손뇌타 - 2

① 양손 손가락 2개를 편다.

② 양손 손가락 4개를 편다.

③ 양손 손가락 2개를 편다.

④ 양손 손가락 4개를 편다.

(3) 손뇌타 - 3

① 왼손 손바닥에 오른손 엄지를 붙인다.

② 오른손 손바닥에 왼손 엄지를 붙인다.

③ 왼손 손바닥에 오른손 검지를 붙인다.

④ 오른손 손바닥에 왼손 검지를 붙인다.

(4) 손뇌타 - 4

① 왼손 손바닥에 오른손 2개의 손가락을 붙인다.

② 오른손 손바닥에 왼손 2개의 손가락을 붙인다.

③ 왼손 손바닥에 오른손 5개의 손가락을 붙인다.

④ 오른손 손바닥에 왼손 5개의 손가락을 붙인다.

(5) 손뇌타 - 5

① 오른손 손바닥으로 왼손 손등을 친다.

② 왼손 손바닥으로 오른손 손등을 친다.

③ 양손 손목을 두드린다.

④ 양손 박수를 친다.

(6) 손뇌타 - 6

① 오른손 손바닥으로 왼손 손등을 친다.

② 왼손 손바닥으로 오른손 손등을 친다.

③ 왼손 손바닥에 오른손 주먹을 쥐고 왼손 손바닥에 붙인다.

④ 오른손 손바닥에 왼손 주먹을 쥐고 오른손 손바닥에 붙인다.

2) 손얼타

(1) 손얼타 - 1

① 오른손, 왼손 앞으로 뻗는다.

② 오른손으로 왼손 팔꿈치, 왼손으로 오른쪽 팔꿈치를 친다.

③ 오른손은 오른쪽 볼에 대고, 왼손으로 왼쪽 볼에 댄다.

④ 양손으로 박수를 2번 친다.

(2) 손얼타 - 2

① 왼손 손바닥 앞으로 뻗고, 오른손 손바닥 앞으로 뻗는다.

　왼손 손바닥에 오른손 손바닥을 친 후 이마를 친다.

② 오른손 손바닥 앞으로 뻗고 왼손 손바닥 앞으로 뻗는다.

　오른손 손바닥에 왼손 손바닥을 친 후 턱을 친다.

(3) 손얼타 - 3

① 오른손 주먹으로 오른쪽 볼에 댄다.

　왼손 손바닥으로 왼쪽 볼에 댄다.

② 왼손 주먹으로 왼쪽 볼에 댄다.

　오른손 손바닥으로 오른쪽 볼에 댄다.

③ 오른손 주먹으로 이마에 댄다.

　왼손 손바닥으로 턱에 댄다.

④ 왼손 주먹으로 턱에 댄다.

　오른손 손바닥으로 이마에 댄다.

(4) 손얼타 - 4

① 오른손 주먹 쥐고 앞으로 뻗은 후, 왼손 주먹 쥐고 앞으로 뻗는다.

② 양손 주먹을 쥔 후 위아래 한 번 두드린 후 이마, 턱을 친다.

③ 양손 주먹을 쥔 후 양옆으로 한 번 두드린 후 양 볼을 친다.

(5) 손얼타 - 5

① 오른손 귀를 잡은 후 왼손 코를 잡는다.

② 오른손 코를 잡은 후 왼손 귀를 잡는다.

③ 오른손은 왼쪽 귀를 잡고 왼손은 오른쪽 귀를 X자로 잡는다.

　오른손 귀를 잡고, 왼손 귀를 잡는다.

④ 양손을 앞으로 쭉 뻗은 후 박수 1번 친다.

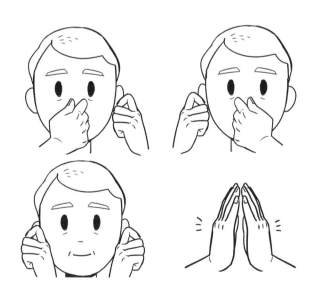

(6) 손얼타 - 6

① 오른손 턱에 댄 후 왼손 코에 댄다.

② 오른손 이마, 왼손 턱에 댄 후, 양손으로 코에 댄다.

③ 오른손 오른쪽 볼, 왼손 왼쪽 볼에 댄 후, 양손으로 코에 댄다.

④ 양손을 옆으로 뻗은 후 박수 1번 친다.

(7) 손얼타 - 7

퐁당 퐁당 등 4박자로 이루어진 간단한 노래에 맞추어 인절미를 먹는 상상을 하면서 손을 움직여 본다. 노래에 맞춰 손을 협응하는 과정에서 좌우뇌가 통합되어, 이미지로 바꾸는 능력과 리듬 감각이 발달한다.

① 왼손 손바닥에 오른손 손가락을 올려놓는다.

② 오른손 손가락을 턱에 댄다.

③ 왼손을 턱에 댄다.

④ 왼손을 왼쪽 볼에 댄다.

⑤ 오른손을 머리 뒤로 돌려 왼쪽 볼에 댄다.

⑥ 오른손을 오른쪽 볼에 댄다.

⑦ 왼손을 오른쪽 볼에 댄다.

⑧ 오른손을 턱에 댄다.

3) 손몸타

(1) 손몸타 - 1

① 양손 주먹 쥐고 위아래(수직으로) 두드리고 박수 1번 치고

② 양손 X자로 가슴 두드리고 박수 1번 친다.

③ 양손 주먹을 쥐고 옆으로(수평으로) 두드리고 박수 1번 치고

④ 양손으로 무릎을 두드리고 박수 1번 친다.

(2) 손몸타 - 2

① 오른손으로 왼손 손바닥 치고 오른손으로 왼손 팔꿈치 두드리고

② 왼손으로 오른손 손바닥 치고 왼손으로 왼손 팔꿈치 두드린다.

③ 오른손으로 왼손 손등 치고 왼손으로 오른손 손등 두드린다.

④ 박수 두 번 친다.

(3) 손몸타 - 3

① 양손으로 이마 치고 양손으로 무릎을 친다.

② 양손으로 X자로 가슴 치고 양손으로 무릎을 친다.

③ 양손으로 배 치고, 양손으로 무릎을 친다.

④ 양손으로 주먹 쥐고, 양손으로 무릎을 친다.

(4) 손몸타 - 4

① 오른손으로 왼쪽 무릎 치고, 오른손으로 오른쪽 무릎 친다.

② 왼손으로 오른쪽 무릎 치고, 왼손으로 왼쪽 무릎 친다.

③ 양손으로 앞무릎 치고 양손으로 허벅지 친다.

④ 양손으로 박수 두 번 친다.

6 시니어 스트레칭

1) 시니어 스트레칭

노인의 스트레칭은 대상자의 나이, 체력수준, 건강상태에 맞추어 재미와 즐거움을 갖고 참여할 수 있도록 해야 한다.

스트레칭은 노인에게 유연성을 증가시킬 뿐만 아니라, 근육의 긴장을 풀어주고 근육의 이완을 향상시키며 근육 저항을 감소시키고 근육이 과도하게 유착되는 것을 줄인다. 또한 혈액순환을 증가시키고 호흡, 순환, 능력과 환경 적응능력을 향상시킨다. 김동섭(1992)은 스트레칭이 유연성 및 기초체력에 긍정적 영향을 미친다고 했다.

(1) 시니어 스트레칭 방법

① 처음에는 쉬운 스트레칭을 선택하여 실시한다.

　그 후 유연성이 어느 정도 되면 난이도가 높은 스트레칭 동작을 한다.

② 동작을 할 때마다 호흡조절과 함께하면 좋다.

③ 각 동작마다 10~30초 동안 천천히 하는 것이 좋다.

④ 신체부위를 골고루 움직여 균형 있게 발달시킨다.

(2) 시니어 스트레칭 유의사항

① 처음부터 어려운 동작을 해서는 안 된다.

근육에 무리가 있을 수 있으므로 쉬운 동작부터 시작하는 것이 좋다.

② 억지로 스트레칭을 할 필요가 없다.

③ 매일 조금씩 5회 이상 연습하는 것이 좋다.

④ 스트레칭이 지루하지 않게 음악에 맞춰 진행하는 것이 좋다.

2) 8고 8박 5손 오손도손

손을 자주 사용하면 기억력 발달과 두뇌 발달에 효과적이라는 연구 결과가 발표되면서 손운동이 활성화 되고 있다. 손은 두뇌발달에 가장 밀접한 관계를 가지고 있다. 손을 자극하는 일은 두뇌를 자극하는 것과 같은 효과를 가지고 있다. 뇌세포는 3세 이전에 70%~80% 완성된다고 한다.

손가락을 활발히 움직이면 대뇌 신경을 자극해 기억력과 머리가 좋아진다고 한다. 또한 손을 자극하거나, 근육을 깨우면서 좌뇌와 우뇌를 고르게 발달시킴으로 집중력과 상상력, 표현력을 통해서 두뇌회전을 빠르게 한다. 또한 노인들의 경우 혈액순환을 통해서 건망증이나, 치매를 예방할 수 있고, 스트레스, 긴장완화, 자신감과 삶의 활력소에 효과가 있다.

(1) 8고 운동

① 비비고 (손바닥을 비빈다) : 혈액순환 촉진에 도움이 된다.

② 돌리고 (손가락을 돌린다) : 손놀림을 섬세하게 할 수 있다.

③ 누르고 (손가락을 누른다) : 근육을 풀어주고, 혈액순환이 잘된다.

④ 튕기고 (손가락 마디를 튕긴다) : 뇌에 자극이 되어 머리가 맑아진다.

⑤ 늘리고 (손가락 늘려준다) : 손과 팔의 지탱하는 힘을 키워준다.

⑥ 쥐고 (양손가락을 힘을 주어 쥔다) : 손가락에 자극을 주어 신진대사를 활발하게 한다.

⑦ 흔들고 (손가락을 흔든다) : 손과 팔의 피로를 풀어준다.

⑧ 두드리고 (손가락을 두드린다) : 피로를 풀어줄 뿐만 아니라 기분전환에 도움을 준다.

비비고　　　　누르고　　　　돌리고　　　　튕기고

흔들고　　　　쥐고　　　　늘리고　　　　두드리고

(2) 8박 운동

① 합장 박수 : 혈액순환 개선에 좋고 손발 저림, 신경통에 좋다.

② 손바닥 박수 : 내장 기능을 강화시키는 효과가 있다.

③ 손가락 박수 : 심장과 기관지를 자극해서 질병 예방에 효과적이다.

④ 손끝 박수 : 눈과 코 부위 건강에 좋다

⑤ 주먹박수 : 두통과 어깨 부위 통증 등의 예방과 치료에 효과적이다.

⑥ 손등 박수 : 허리를 강화시키는 효과가 있다.

⑦ 손목 박수 : 방광을 자극하여 생식기 기능과 정력 증강에도 효과적이다.

⑧ 손날 박수 : 위와 간에 효과적이다.

합장박수　　　손가락박수　　　주먹박수　　　손목박수

손바닥박수　　　손끝박수　　　손등박수　　　손날박수

(3) 오손도손

① 손톱 양옆 누르기 : 엄지와 검지로 손톱 양옆을 꼭 누른다.

긴장감을 푸는데 도움이 된다.

② 손가락 뒤로 젖히기 : 손가락을 하나씩 뒤로 젖힌다. 혈액순환에 도움이 된다.

③ 손가락 사이 누르기 : 감기예방에 효과적이다.

④ 손가락 전체 젖히기 : 눈과 목의 피로가 풀린다.

⑤ 엄지 주무르기 : 두통에 좋다.

⑥ 손목 바깥쪽 누르기 : 허리통증에 좋다.

⑦ 손바닥 중앙 문지르기 : 소화에 도움이 된다.

⑧ 새끼손가락 옆쪽 위아래 문지르기 : 다리 혈액순환에 좋다.

⑨ 검지로 손등 마사지하기 : 스트레스에 도움이 된다.

⑩ 손가락 아래쪽 누르기 : 이명에 효과적이다.

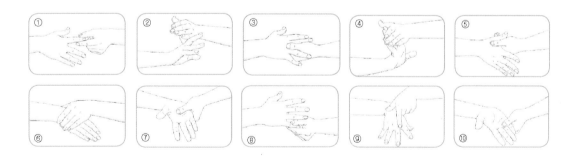

3) 뇌를 깨우는 호흡법

(1) 복식호흡

복식호흡은 들숨과 날숨으로 호흡을 하는데 들숨 때는 아랫배가 볼록 나오게 깊이 숨을 들이 마시고, 날숨 때는 아랫배가 쑤욱 들어가게 길게 숨을 내쉬면 된다. 또한 복식호흡은 횡격막을 상하로 확장 및 수축시키므로 무엇보다 산소 섭취와 이산화탄소 배출을 효과적으로 해준다. 즉 폐활량이 커지고, 심폐기능을 향상시키는 것이다. 복식호흡만큼 건강에 좋은 생활습관은 없다.

(2) 금생수호흡법

금생수(金生水)호흡법은 뇌와 호흡 사이의 상생관계를 말하는 것이다.
금생수호흡법을 통해 뇌를 안정시키고 집중력과 자신감이 향상될 수 있게 한다. 정신과 마음이 산만하거나 집중이 안 될 때 금생수호흡법을 하면 아주 효과적이다.

(3) 심상이완훈련법

자기 스스로에게 몸의 이완에 대한 말을 반복해서 긴장을 풀어주는 자율 이완훈련법으로 신체의 변화를 느끼면서 자기의식을 전달하는 훈련방법이다. 자신의 몸을 편안히 눕거나 편안한 의자에 앉는다. 눈을 감고 자신의 몸과 마음이 하나가 되도록 심호흡을 해본다.

4) 시니어 체력이란

어르신(이하 "만65세 이상 어르신")들에게 필요한 체력이 있다. 건강관련 체력으로 근력, 근지구력, 심폐지구력, 유연성이 포함되어 있고, 체력의 요인으로 평형성과 협응력으로 구성되어 있다.

(1) 체력

체력은 신체적 결함으로 일을 해내지 못할 환경에서도 지속적으로 참고 견디며 일을 계속할 수 있는 능력을 말하기도 한다.

(2) 근력

근력은 1회 최대 근수축을 통해 생산되는 힘으로써 근수축에 의해 발현되는 장력으로 근수축에 관련된 운동 단위이다.

(3) 근지구력

근지구력은 신체의 특성 근육의 일정 부화에 대한 근수축 지속 능력이나 동일한 운동 강도로 반복할 수 있는 능력을 의미한다. 근지구력 측정 방법으로는 턱걸이, 오래 매달리기, 팔굽혀펴기, 윗몸일으키기 등이 있다.

(4) 심폐 지구력

심폐 지구력은 심폐 근육의 큰 부담을 느끼면서 극한적 상태에서 운동을 지속하는 능력으로 이런 극한적 상태를 잘 극복하고 작업 활동을 지속시킬 수 있는 것을 의미하는 것이다.

(5) 유연성

유연성은 일반적으로 관절의 가동 범위에서 근육, 수축력, 관절과 인대의 발달 상태에 따라 좌우된다고 할 수 있다. 따라서 유연성은 운동 동작의 범위 또는 관절의 이완정도를 의미하며 근육, 인대, 관절 사이의 상호 관계는 물론 성, 연령, 기온 등에 의해 크게 영향을 받는다.

(6) 평형성

평형성은 신체의 안정성을 유지하는 능력으로 관절 감각과 근육 감각에 의한 근육의 지각 반응과 시각 반응 등의 여러 가지 요소에 의해서 생기는 균형의 정도를 의미한다. 평형성은 균형, 감각력, 안정성 등 중요한 역할을 한다.

(7) 협응력

근육 신경기관·운동기관 등의 움직임의 상호조정 능력을 의미한다. 머리-어깨-입-팔-손가락 등을 시각적 탐사와 연결하여 신체적 조절 능력을 말한다.

고령화 사회와
노인의 이해

1 고령화란

　고령화란 노인이 차지하는 비중이 증가하는 것을 말하며, '고령사회'란 전체 인구에 대비한 노인 인구의 비율이 계속해서 증가하는 상태, 즉 인구의 고령화가 진행 중에 있는 사회를 뜻한다. 고령화율이란 65세 이상의 고령자 인구(노령인구)가 총인구에서 차지하는 비율로 나타내는 것이 일반적이다.

　국제연합(UN)은 총인구 중에서 노인 인구 65세 이상 비율이 7% 이상이면 고령화 사회라고 하며, 65세 이상 비율이 14% 이상이면 고령사회, 그리고 65세 이상 비율이 20% 이상일 경우 초고령 사회로 분류하고 있다. 우리나라는 지난 2009년에 65세 이상 인구가 총인구에서 차지하는 비중이

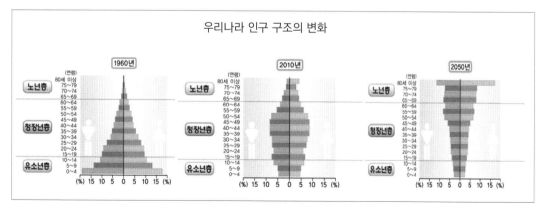

[그림 3-1] 우리나라 인구 구조의 변화

10.7%로 문제는 고령화가 아니라 고령화가 진행되는 속도이다. 우리나라 인구 구조의 변화에 나타나는 현상이다.

1) 고령화의 특징

고령화란 단순히 노인인구의 증가와 같은 뜻은 아니지만 총인구에 대한 노인인구의 상대적 증가를 의미한다. 21세기에 들어오면서부터 전 세계적으로 노인 인구의 증가는 일반적인 현상이 되어버렸다.

우리나라는 다른 나라에 비하여 고령화 속도가 빠르다. 이는 짧은 기간 내에 이루어진 우리나라의 인구 변천이 인구고령화를 가속화시켰기 때문이다.

선진국의 고령화도 문제이지만, 더욱 큰 충격은 세계 인구의 태반을 차지하는 아시아권의 고령화 속도이다. 특히 일본은 물론 우리나라와 중국, 인도를 포함한 동남아시아 국가의 인구 고령화 속도가 급속도로 증가되고 있는 현실은 인구학적 운명(demographic destiny)을 암울하게 하고 있다(WHO, 1998).

통계청에 따르면 한국은 고령화가 세계에서 가장 빠르게 진행되고 있어 향후 그 부정적 영향이 단기간에 크게 증폭될 것으로 우려된다.

현 추세가 지속된다면 앞으로 2018년에 65세 이상 고령인구의 비중이 14.3%로 고령사회에 진입할 예정이며, 2026년에는 20.8%로 초(超)고령사회에 진입하게 될 것으로 전망된다(통계청, 2008). 이러한 노인 인구의 증가 속도는 세계에서 유래 없이 빠른 것으로, 노인 인구가 7%인 고령화 사회에서 14%인 고령사회에 도달하는 데에 프랑스 154(115+39)년, 미국 94(73+21)년, 독일 77(40+37)년, 이탈리아 79(61+18)년, 일본 36(24+12)년인데 비해 우리나라는 18년으로 가장 빨리 고령 사회로 진입할 것으로 예상하고 있다.

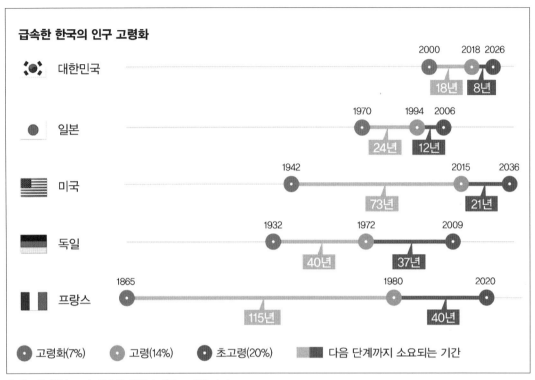

출처 : 통계청(2008), 급속한 한국의 인구 고령화 자료.

[그림 3-2] 급속한 한국의 인구 고령화

2) 노인의 개념접근

노인의 개념에 대한 이해는 사회의 전통과 관습, 경제적, 문화적 배경에 따라 다르기 때문에 쉽게 접근하기 어렵다. 1951년 미국 세인트루이스에서 개최된 '제2회 국제노년학회'에서의 정의에 의하면, '노인이란 노화의 과정 또는 그 결과로서 생리적·심리적·사회적 기능이 약화되어 자립적 생활 능력과 환경에 대한 적응 능력이 약화되고 있는 사람'이라고 할 수 있으며 노인법이나 국민 기초 생활보장법상에서 노인은 65세 이상으로 규정하고 있다.

티비츠(Tibbits, 1960)는 노인이란, 인간의 노령화 과정에서 나타나는 생리적, 육체적, 심리적, 사회적 연령을 고려하면 서로 일치하지 못하기 때문에 대체로 연령에 의해서 65세 이상을 노인으로 규정하고 있다. 일반적으로 노인은 "육체적, 정신적으로 그 기능 및 능력이 감퇴되어 가고 있는 시기에 달한 사람으로서 생활기능을 정상적으로 발휘할 수 없는 사람"을 말한다(김성순, 1985). 에릭슨(Erikson)도 자아의 8단계 발달과정 중 통합과 절망의 양극 감정이 대립하는 성인 후기 65세 이상을 노인기로 간주하고 있다.

하비거스트(Havighurst)는 노년기를 후기 성숙기(later maturity)인 65세 이후 사망하기까지의 시기로 보고 있으며, 브린(Breen, 1960)에 의하면 노인은 첫째, 생리적 육체적으로 변화기에 접어든 사람 둘째, 실리적으로 성기능이 감소되고 있는 사람 셋째, 사회적인 변화에 따라서 사회적인 관계가 과거에 속해 있는 사람 등으로 정의하고 있다.

2 노인의 정의

인간의 노화과정에서 나타나는 신체적, 정신적, 생리적, 사회적, 환경적으로 퇴화현상이 나타나는 현상이다. 즉 능력과 적응성 사회기능 수행의 장애를 초래하는 시기를 노년기라고 하며 노년기를 겪는 사람을 노인이라고 한다.

노인을 정의하는 데에는 일반적으로 연령상의 구분이 가장 보편적이다. 우리나라의 노인복지법에는 경로법이나 국민연금의 수례시기인 65세를 노인이 되는 시기로 규정하고 있는데, 이같은 규정은 법률상의 편의적 구분일 뿐 노인의 다양성이나 개인차를 충분히 반영해 주지 못한다는 한계를 가지고 있다.

하비거스트(Harvighurst)는 노인이란 '일을 수행해 나가는 역할보다는 사회적 역할에 적합한 시기에 있는 사람'이라고 정의하였고, 에릭슨(Erikson)은 '자아통합과 절망의 감정이 대립하는 시기'를 노년기라 하였다.

〈표 3-1〉 노인의 정의

구분	정의
Breen (1976)	- 생물학적·생리적 측면에서 퇴화기에 있는 사람 - 심리적 측면에서 정신기능과 성격이 변화하고 있는 사람 - 사회적 측면에서 지위와 역할이 상실되어 가는 사람
국제노년학과 (1951)	- 노화과정에서 나타나는 생리적, 심리적, 환경적 변화 및 행동적 변화가 복합적으로 상호작용하는 과정에 있는 사람 - 환경변화에 적절히 적응할 수 있는 사람 - 인체의 기관, 조직, 기능에 쇠퇴현상이 일어나는 시기에 있는 사람 - 생활상의 적응능력이 결손 되어 가고 있는 사람
장인협·최성재 (2003)	- 생리적 및 신체적 기능의 퇴화와 더불어 심리적인 변화가 일어나서 개인의 자기유지 기능과 사회적 역할기능이 약화되고 있는 사람

하비거스트(Havighrst, 1997)는 노인에게 있어서 이러한 지위나 역할 상실에 적응하고 대처해 나가는 노년기의 발달과업을 다음의 6가지로 분류하고 있다.

① 약화되는 신체적인 힘과 건강에 따른 적응

② 정년퇴직과 경제적 수입 감소에 대한 적응

③ 배우자, 동료 및 본인의 죽음에 대한 적응 및 심리적 준비

④ 자기 동년배 집단과의 적절한 사회적, 시민적 역할의 수행

⑤ 사회적 역할을 융통성 있게 수행하고 적응하는 일

⑥ 생활에 적합한 물리적인 생활환경의 조성을 제시하였다.

노인을 지칭하는 용어는 늙은이(older person), 시니어(senior), 나이 많은 자(aged), 후기 성인(later adult), 연장자(elderly) 등 다양하다. 또한 일상생활, 학술연구, 정책 등에서 노인을 호칭하

는 우리말은 노인이라는 단어에 국한되지 않고 노년, 고령자 등의 용어가 사용된다. 뿐만 아니라 가족계에서 활용하는 용어를 확장시켜 할아버지, 할머니라고 표하기도 하고, 최근 노인복지 실천장에서는 어르신이라는 용어를 사용하고 있다.

다른 나라에서도 노인 호칭은 다양하다. 미국에서는 선배시민(Seni or Citizen), 황금연령층(Golden Ages)으로, 프랑스에서는 극인 노후 생활을 한다는 의미로 제3세라는 용어로, 스위스에서는 빨간 스웨터로, 일본에서는 실버(silver)와 노년 이라는 용어를 노인과 함께 사용하고 있다.

1) 노인인구 연령별

사람은 나이가 들어감에 따라 신체적 정신적으로 변화가 온다. 즉 기억력이나 학습능력이 쇠퇴하고, 새로운 환경적응이 점점 힘들어지기도 한다. 또한 인체의 자체 통합능력 및 조직기능이 감퇴되고 있다. 우리나라 노인인구의 연령별 성비는 다음과 같다.

〈표 3-2〉 우리나라 노인인구의 연령별 성비

(단위 : 천명, 여자 100명당)

년도	1970	1980	1990	2000	2005	2010	2020	2030	2050
65세 이상	991	1,456	2,195	3,395	4,367	5,357	7,701	11,811	16,156
성비	70.0	59.7	59.8	62.0	65.8	69.2	75.1	79.1	97.0
70세 이상	563	832	1,294	2,014	2,684	3,546	5,120	8,019	12,776
성비	68.8	51.0	52.6	53.8	57.1	62.0,	68.0	73.8	74.9
80세 이상	101	178	302	483	676	952	1,783	2,581	6,130
성비	50.3	33.6	35.8	39.1	41.4	43.2	51.2	57.6	63.5

출처 : 보건복지부(2009).

남녀 성비 차이가 큰 폭으로 나타났으나 2030년의 추정 남녀 성비는 각각 65세 이상이 여자 100명당 79.0명, 70세 이상이 74.9명, 80세 이상은 63.5명으로 남녀의 성비 불균형이 점차 줄어드는 것으로 나타났다.

2) 노인의 조작적 정의

노인에 대한 개념 정의로는 조사연구, 복지정책의 수립과 집행을 위한 실제적인 효용성은 매우 낮다. 따라서 노인에 대한 더욱 구체적이고 조작적인 정의가 요구된다.

① 개인의 자각

개인의 주관적 판단에 의해 스스로를 노인이라고 규정하는 것이다.

② 사회적 역할 상실에 의한 노인

사회적 지위와 역할이 상실된 상태에 있는 사람을 노인으로 보는 견해를 말한다.

③ 역연령

노인에 관한 정의에서 가장 보편적으로 사용되는 정의로 출생 이후부터 달력상의 나이로 일정 연령 이상일 경우 노인으로 규정하고 있다.

④ 기능적 연령

기능적 연령은 특정 연령은 개인의 미모, 신체적 기능, 자아통제력, 정신기능 등의 기능수준을 근거로 하여 개인의 특수한 신체적 및 심리적 영역의 기능 정도에 의해 노인을 규정하는 것이다.

3 노인의 신체적 변화

1) 생리적 변화

생리적 노화현상은 소화기능, 호흡기능, 신진대사기능, 혈액순환, 수면, 배뇨기능 등에 영향을 주어 소화기능의 쇠퇴, 폐활량감소, 신진대사율과 속도의 저하, 여러 가지 질병이 합병을 초래하는 계기가 되며 항상 사망의 위험성에 접근한다(강석봉, 2004). 일반적으로 근육의 힘은 45세 전·후까지 잘 유지되지만 이후부터 감소하기 시작하여 65세 전·후가 되면, 남자의 경우 20%, 여자의 경우 10% 정도 감소한다(Shehard, 1997). 노령에 따른 생리적 기능의 약화는 운동을 통해 지연될 수 있으며, 감소된 기능이 회복될 수 있다.

2) 심리적 변화

인간의 신체는 20세까지 상승, 발달하다가 35세를 전후하여 퇴화하기 시작하여 65세를 지나면서 하향적 퇴화가 심화 되면서 여러 가지 질병을 수반하게 되는데 노인병이라 불리는 신경통, 고혈압, 치매 등 질병은 신체적 노화와 비례하는 경향이 있어서 80세 이상 노인의 반수 이상이 이와 같은 질병상태에 있는 것으로 알려지고 있다. 신체 각 기관의 조정 능력이 은퇴하게 되어 신체·생리적인 변화가 있게 된다. 노화로 인해 감각기관은 시각, 청각, 미각, 후각, 촉각 및 소화기, 신경계, 순환기 계통의 기능 퇴화와 피부의 탄력성 상실 등을 들 수 있다.

3) 사회적 변화

노년기의 사회적 변화는 사회적 역할 상실, 사회적 관계망 축소 및 단절을 가져오게 된다. 의료기술 발달, 경제적 기술 발전, 대중교육의 확장 및 도시화라는 현대화 요인들은 노인의 지위를 저하시키며 특히 경쟁시장에서 노후화로 인해 평소 수행해 오던 역할을 상실하게 만든다. 노인의 사회적 활동을 함으로써 신체활동의 참여증진이 중요한 활동이 되며 스트레스를 감소시켜 인지적 기능 및 자신감을 증가시킨다(조근종, 2000).

4) 노화의 발달 특성

노화는 생리적, 심리적, 사회경제적, 정서적으로 광범위한 변화를 말하는 것으로 2종류로 나눌 수 있다. 1차적인 노화는 신체기관의 기능이 점진적으로 감퇴되면서 노화의 현상이 나타나는 것을 말한다. 2차적인 노화는 스트레스나 질병 등으로 인한 것을 말한다.

비버(Beaver, 1983)는 시간에 따라 유기체의 세포, 조직, 혹은 유기체 전체에서 일어나는 점진적인 변화라고 하였다. 노화현상은 우선 감각기관 및 신체의 각 부분에 감퇴 현상이 나타나는 것으로부터 시작된다. 노화는 개인의 차이가 있으나 누구에게나 찾아오는 과정이다.

노화의 특성으로는 일반적인 특성, 생리적 특성, 신체적 특성, 정신적 특성, 사회적 특성, 성격적 특성으로, 이와 같은 여섯 가지 노화의 측면을 살펴볼 때, 노화는 일정 연령층의 모든 사람에게 일률적으로 같은 양상을 보이는 것이 아니라, 개인에 따라 차이가 나타날 수 있다는 점이 지적된다(Hendricks, 1977).

(1) 일반적 특성

① 생리적, 신체적, 정신적, 사회적, 성격적으로 적응능력이 떨어진다.

② 신체의 균형 및 몸의 기능 상실과 함께 환경에 적응하는 능력이 감소하게 된다.

③ 생물학적 기능과 신진대사의 스트레스에 대한 적응능력이 감소한다.

(2) 생리적 특성

① 외부에 대한 반응이나 자극에 느리거나 둔하다.

② 외력에 의해 이상상태에서 정상 상태에로의 복귀가 둔하다.

③ 노인의 부상 및 사고에 대한 상처회복력이 감퇴된다.

(3) 신체적 특성

① 뼈와 근육의 위축으로 키가 줄어들고, 등이 굽어지며, 피하지방이 감소하여 전신이 마르고 체중도 감소하며 주름이 많아진다.

② 운동능력과 근육의 저하, 근 위축 또는 근 활동의 민감도가 떨어진다.

③ 피부가 건조해지고, 주름살과 눈꺼풀과 볼, 턱 등의 살이 처진다.

④ 혈관벽의 탄력성이 감소한다.

⑤ 신경 세포수가 감소하여 동맥경화 과정이 진행된다.

⑥ 기타 내장 기관이 전반적으로 쇠퇴하여 심장병, 고혈압, 당뇨병, 녹내장 등의 질병을 가지고 있는 사람이 많다.

⑦ 뇌혈관의 탄력성 감소로 동맥경화 과정이 진행된다.

(4) 정신적 특성

① 정신기능이 쇠퇴하며 기억력이 떨어지며 우울 증세가 생긴다.

② 자신감 부족으로 고독감, 무력감을 느낀다.

③ 감정의 기복이 심하고 충고를 잘한다.

④ 흥미와 활동성이 감소된다.

⑤ 옛 것에 얽매여 새로운 것을 배우는 능력이 감소하게 된다.

(5) 사회적 특성

① 개인이 차지하는 사회적 지위가 줄어드는 역할의 변화가 생긴다.

② 대인관계와 사회이용도가 줄어든다.

③ 권력, 보상, 선택의 재량을 상실한다.

(6) 성격적 특성

① 자기중심성

고립 또는 자기중심의 행동으로 심신의 기능이 저하, 욕구불만, 합리적 대응이 곤란해
진다.

② 의심(의혹)

의심은 감각기관의 저하 또는 눈과 귀의 기능저하에 따라 나타난다. 특히 고령자에게 강
하게 나타난다.

③ 보수성

새로운 것을 좋아하지 않고 옛날 생각이나 습관을 중시한다. 이것을 기억 또는 학습능력의 쇠퇴로 볼 수 있다.

④ 심기성

주변에서 일어나는 병에 대해 자신도 걸릴 것 같은 심적 상태 또는 공포를 갖는 상태를 말한다. 이러한 상태가 깊어지면 의사에게 매달리는 횟수가 많아진다.

⑤ 우치

본인 스스로가 과거의 생활에 집착을 하거나 불행을 되풀이 말한다. 이러한 이유 때문에 폐쇄적인 사람이 된다.

(7) 감각기계 특성

① 시각

노인의 시각은 눈부심의 증가, 시력저하, 빛 순응의 어려움으로 이들은 백내장, 녹내장 등 안질환의 원인이 된다.

② 청각

청각은 노화로 인하여 가장 심하게 변화가 나타나는 것으로 소리의 고저 및 강도에 대한 감지능력은 나이가 많아짐에 따라 저하된다.

③ 미각

입과 입술 근육의 탄력이 떨어지고 침의 분비량도 줄어들어 미각의 변화와 대사율의 감소로 식욕의 변화가 온다.

④ 후각

　냄새를 구분하는 능력 또한 나이와 함께 감퇴한다. 코 안의 후각돌기는 소년기부터 이미 조금씩 쇠퇴하기 시작한다.

⑤ 촉각

　노인이 되면 통증을 호소하는 정도는 증가하지만 통증에 대한 민감성이 감소되어 둔감한 반응을 보인다. 45세 이후로 현저히 감퇴한다.

실버레크리에이션

1 실버레크리에이션의 개념

    실버레크리에이션의 개념은 노동에 반대되는 개념으로 강제성 의무성이 희박한 선택적 행위이며 정신적 정서적 면에서 자유, 즐거움, 휴식 등과 관련되어 있다. 즉 일로부터 해방되어 누릴 수 있는 여유시간을 의미한다.

    실버레크리에이션의 본질은 취미나 오락, 놀이만을 의미하는 것이 아니라 봉사나 교육, 문화적 활동 전반에 걸쳐 다양하게 노인이 기본적 욕구를 충족하고 그가 처한 상황에 맞게 여가를 즐길 수 있도록 하는데 있다. 현대사회에서 실버레크리에이션은 매우 다양하게 나타난다. 개인적 성격, 교육정도, 경제적 수준, 과거의 습관등과 밀접한 관계를 지니고 있다.

    노인의 실버레크리에이션 활동은 노인들의 삶의 질을 향상하기 위해 반드시 필요하며, 신체적·정신적으로 생활의 재충전의 기회를 제공하는데 그 목적이 있다. 또한 레크리에이션 활동은 노년기 생활에 있어서 가장 중요한 역할을 차지하고 있다.

2 실버레크리에이션의 목표

노인 레크리에이션의 목표에 따라 노인의 일상생활에서 의식, 행동, 태도가 실제 생활에서 적용될 수 있도록 목표를 세워야 한다.

1) 여가를 즐기는 능력을 익힌다.

노인들의 레크리에이션 활동엔 개인차이가 있지만 레크리에이션을 경험 하면서 자신의 정신적·신체적인 면을 고려한 레크리에이션 활동을 선택할 능력을 향상시킨다.

2) 인간관계능력을 높인다.

노인들의 실버레크리에이션 활동을 통해서 교류와 대화를 활성화 시킴으로써 자기를 표현할 만한 인간관계를 향상시킨다.

3) 사회성을 기른다.

노인들의 실버레크리에이션을 활동함으로써 조직과 팀원들의 역할과 책임감을 가지고 목적에 최선을 다할 수 있도록 사회성을 향상시킨다.

4) 노인에게 알맞은 여가활동을 편성한다.

다양한 레크리에이션 프로그램을 잘 편성하여 노인들을 참여하게 함으로써 문화·스포츠·교양·예술 등 다양한 문화를 경험할 수 있는 기회의 장을 만든다.

5) 삶의 의욕을 높인다.

노인들은 신체적, 정신적 능력의 저하 및 삶의 의욕 상실 등으로 일상생활을 보내고 있다. 레크리에이션 활동을 통해서 긍정적이고 적극적인 삶의 의욕을 높인다.

3 실버레크리에이션의 필요성

노인들은 신체적, 생리적, 정신적, 경제적으로 약화되고, 이로 인해 정신적, 심리적 측면의 변화를 겪게 되고 새로운 사회생활에 어려움을 겪게 된다. 그러므로 레크리에이션 활동의 필요성은 다음과 같다.

① 레크리에이션 활동은 노인의 신체적 건강과 생리적 그리고 사회적 건강에 큰 도움이 된다.

② 레크리에이션 활동은 인지 및 정서적 기능의 경험을 통하여 긍정적인 시각을 갖게 해준다.

③ 레크리에이션 활동은 새로운 만남을 통해 동료들과 상호작용을 하게 된다.

④ 레크리에이션 활동은 자신감 및 건강증진에 도움이 된다.

4 실버레크리에이션의 역할 및 효과

1) 실버 레크리에이션의 역할

레크리에이션의 역할은 자신의 개인적 필요를 충족시킬 뿐만이 아니라, 신체 건강을 증진시키며, 사회참여와 함께 긍정적 희망을 갖게 한다. 노인생활에 있어 레크리에이션의 역할은 점점 더욱 커다란 사회에서의 의미 있는 역할을 수행하고 있다.

① 신체적, 정신적 능력을 향상 시킨다.
② 행동에 적극적으로 참여하게 한다.
③ 건강을 증진시켜 준다.
④ 정서적 안정과 행복을 증진 시킨다.
⑤ 의미 있는 역할을 제공해 준다.

2) 실버 레크리에이션 효과

노인을 위한 레크리에이션 지도에서 무엇보다도 중요한 일은 노인들의 신체적 조건과 심리적 상태를 잘 파악하여 노인에게 알맞은 레크리에이션을 할 때 큰 효과를 볼 수 있다.

① 신체적 심리적 건강의 증진

② 사회적 접촉기회의 제공

③ 노후 삶에 대한 사기진작 및 만족감의 증진

④ 노인 자신에 대한 신념과 자기 신체에 대한 자신감 부여

⑤ 유용감과 자기 가치성의 확신

⑥ 자율적인 생활에 대한 기술과 기능의 증진

⑦ 재미있고 즐거운 삶의 영위

⑧ 즐거운 생활 경험, 자기 표현력 향상과 잠재력 개발

⑨ 소속감 향상

⑩ 긍정적 사고

3) 실버레크리에이션 활동에 대한 욕구

노년기의 레크리에이션 활동에 대한 욕구는 정신적·육체적 건강과 개인 욕구의 충족뿐 아니라 노인들의 삶에 즐거움과 재미 그리고 행복감과 만족을 통해서 자신감을 심어줄 수 있다. 카플란(Kaplan)에 의하면 여가활동은 다음과 같은 노인의 욕구를 충족시켜 줄 수 있다고 하였다.

① 사회적으로 유용한 서비스를 제공하려는 욕구

② 자신이 지역사회의 한 부분으로 느껴지고 싶은 욕구

③ 여가시간을 만족스러운 방법으로 사용하려는 욕구

④ 정상적인 동반자 관계를 즐기려는 욕구

⑤ 개인으로 인정받고 싶은 욕구

⑥ 자기표현과 성취감의 기회를 가지려는 욕구

⑦ 건강을 유지하고 보호하려는 욕구

⑧ 적절한 정신적 자극을 가지려는 욕구

⑨ 적절한 주거조건과 가족관계를 가지려는 욕구

⑩ 영적(靈的)인 만족감을 얻으려는 욕구

노인의 실버레크리에이션 활동의 유형은 개인의 연령, 교육정도, 건강상태, 경제적 수준, 성격, 생활습관, 삶의 목적 등에 따라 다양하다.

골든(Gordon외 2인, 1976)은 여가활동의 형태를 표현적 관여정도에 따라 다섯 가지 유형으로 분류하였다.

① 긴장해소 및 단독활동 : 혼자서 조용한 휴식이나 수면을 취한다.

② 기분전환활동 : 사교적 활동을 좋아하고 대중매체에 흥미가 있고 취미, 오락, 독서, 경기관람 등에 관심이 많다.

③ 발전적 활동 : 신체적, 지적으로 능동적 활동을 추구하는 형으로, 개인운동, 학습활동, 예술활동에 관심을 보이고 관광, 여행, 정치나 단체 활동에 관심이 있다.

④ 창조적 활동 : 음악, 미술, 문학 등 창작 활동에 관심이 많다.

⑤ 감각적 쾌락활동 : 생리적 욕구에 관심이 많고 감각적 쾌락을 추구하게 된다.

5 실버레크리에이션 지도의 목표 및 실제

1) 실버 레크리에이션 지도의 목표

레크리에이션 지도의 목표는 기술을 가르치고 그 활동의 성과를 기대하기 보다는 오히려 그 지도의 과정에 있는 것이다. 즉 레크리에이션의 공유를 통해서 즐거움을 서로 나누며, 서로 상호작용을 일으켜 주체적으로 사는 즐거움을 만들어 낼 수 있는 인간형성이 레크리에이션 지도의 목표라 할 수 있다. 또한 정신건강의 증진과 인식개선에 있으며 그 범위는 크게 다섯 가지로 나눌 수 있다.

① 개인적 차원 : 효과적이고 만족할 만한 기회의 획득을 도모 하는 것.

② 사회적 차원 : 타인과의 레크리에이션 활동을 촉진하는 것.

③ 정신적 차원 : 긍정적이고 적극적인 감정을 유도하는 것.

④ 형태적 차원 : 레크리에이션 행동의 올바른 형태를 유도하는 것.

⑤ 언어적 차원 : 효과적이고 지적인 언어의 사용을 촉진하는 것.

이상 다섯 가지의 노인을 위한 레크리에이션의 지도 목표를 항시 염두에 두고 무리 없는 수준에서 출발하여 최종 목표를 향하도록 지도에 임하도록 해야 한다.

2) 실버 레크리에이션 지도의 실제

노인을 위한 레크리에이션 지도에서 무엇보다도 중요한 일은 노인들의 신체적 조건과 심리적 상태를 파악하여 노인에게 알맞은 레크리에이션을 실시하는 것이다. 이 일을 위해서는 노인에게 알맞은 레크리에이션을 실시할 수 있는 전문적인 지도자가 요청된다.

① 신체적, 정신적 능력을 고려하여 너무 복잡한 활동은 피한다.

② 너무 활동적이거나 정상인 이하의 취급은 삼가 한다.

③ 노인들의 요구를 가능한 정확히 알아내고 그들의 욕구를 최대한으로 발산할 수 있도록 기회를 마련한다.

④ 참가자들의 소속된 기관(양로원, 병원, 복지관, 가정)과 긴밀한 관계를 유지한다.

⑤ 노인들의 요구를 정확히 파악하고 친절과 열성을 보인다.

⑥ 참가자들의 행동에 긍정적인 반응(칭찬, 격려)을 표시한다.

6 실버레크리에이션 지도자의 자질 및 태도

1) 실버 레크리에이션 지도자의 자질

레크리에이션 지도자의 자질로서 인격적, 교양적, 기술적, 경험적 요소를 통해서 레크리에이션 지도자의 소양적 자질을 갖춘다.

(1) 인격적 요소

인격은 개인의 내면과 외면을 통합하는 것이며 신체적·성격적·사회적·지적·도덕적인 요인으로 구분할 수 있다. 이러한 인격은 태어나면서 얻는 것이 아니라 가정, 학교, 회사, 지역사회에서 형성되며, 개인의 부단한 노력이 필요하다.

(2) 교양적 요소

교양은 일반교양과 전문교양 2가지로 나눌 수 있다. 일반교양은 리더십을 가지는 모든 사람에게 요구되는 것이며, 전문교양은 레크리에이션 지도자에게 요구되는 제반 이론을 포함한 전문 지식이다.

(3) 기술적 요소

기술적 요소로서 2가지를 들 수 있다. 첫째는 각종 레크리에이션 종목의 실기를 지도할 수 있는 능력을 말하며, 둘째는 레크리에이션 관리자로서 운영할 수 있는 능력을 말할 수 있다.

(4) 경험적 요소

레크리에이션 지도자는 지식과 현장에서 폭넓은 실습과 경험을 쌓아야만 훌륭한 지도력을 발휘할 수 있다.

2) 실버 레크리에이션 지도자의 태도

노인 레크리에이션을 진행할 때의 지도자의 태도는 매우 중요하다.

① 노인의 특성을 잘 이해하고 있어야 한다.
② 참여 노인의 연령 및 신체적 상황을 사전 조사하여 숙지한다.
③ 돌발적인 위험 상황에 대비한다.
④ 시간안배를 적절히 한다.
⑤ 선택된 활동이 노인들에게 줄 수 있는 효과에 대해서 잘 파악해야 한다.
⑥ 참가자들의 행동에 긍정적인 반응을 표시한다.

7 실버레크리에이션 프로그램 작성과 지침

1) 실버 레크리에이션 프로그램 작성 5단계

레크리에이션 프로그램은 레크리에이션 지도활동을 실행하기 위한 구체적인 활동내용을 포함한 프로그램을 계획하는 과정이다.

① 참가자 고려 단계

② 활동선택 단계

③ 활동준비 단계

④ 예비완성 단계

⑤ 프로그램 재검토 단계

2) 실버 레크리에이션 프로그램 지침

노인들의 프로그램을 진행하는데 있어서 신체적성에 맞게 집중력과 기억력 그리고 즐거움과 재미를 통해 프로그램에 참여하는데 있다.

① 모든 사람에게 폭넓고 다양한 프로그램을 제공해야 한다.

② 노인의 특수한 취약점을 고려해야 한다.

③ 즐거운 재미와 동료애를 강조한다.

④ 수시로 적절할 때 지도한다.

⑤ 노인들의 흥미를 유발한다.

⑥ 노인들의 신체적성에 맞게 편성한다.

⑦ 안전에 유의한다.

⑧ 열등감과 고독감을 갖지 않도록 한다.

⑨ 심리적으로 자신의 가치를 느낄 수 있게 한다.

⑩ 집중력과 기억력, 시력, 청력이 감퇴된 것에 유의한다.

⑪ 차근차근 침착한 태도로 이해하는 입장에서 지도한다.

⑫ 노화로 인한 활동의 장애가 있기 때문에 자신의 무능력을 느낄 수 있는 프로그램을 삼가 한다.

실버레크리에이션
실전게임

1 개인 게임

개인의 마음을 자연스럽게 열어 개인게임의 참여를 유도하여 집중력을 높이고 즐겁고 유익한 시간을 만들어 내는 분위기 조성게임.

1) 개인 게임의 흐름도

① 박수 게임 : 모든 동작을 박수로 시작하여 박수로 끝나는 게임

② 핸드 게임 : 박수게임을 제외한 모든 게임

③ 손유희 : 음률과 함께 손으로 표현하는 동작

2) 개인 게임의 효과

① 크게 움직이지 않고 좁은 공간에서 활용할 수 있다.

② 진행자에게 집중시키는데 효과적이다.

③ 개인의 마음을 열어 긍정적인 생각을 만들어 낸다.

④ 옆 사람과 친밀감을 형성하는데 효과적이다.

3) 개인 게임의 조건

① 언제든지 즐길 수 있어야 한다(간편성).

② 어디서나 즐길 수 있어야 한다(보편성).

③ 누구하고도 즐길 수 있어야 한다(대중성).

④ 재미있게 즐길 수 있어야 한다(흥미성).

⑤ 활발하게 즐길 수 있어야 한다(활동성).

⑥ 다같이 즐길 수 있어야 한다(협동성).

⑦ 규칙을 지키며 즐길 수 있어야 한다(준법성).

4) 게임을 전환할 때

① 게임에 호응이 없을 때

② 게임이 재미가 없을 때

③ 연령에 차이가 있을 때

④ 시간에 제한을 받을 때

⑤ 환경에 변화가 있을 때

5) 게임의 분류

(1) 게임진행에 대한 분류

① 개인게임 ② 파트너게임 ③ 팀게임 ④ 공동체게임 ⑤ 무대게임

(2) 대상에 대한 분류

① 유아   ② 초등학생   ③ 중, 고등학생   ④ 성인   ⑤ 노인   ⑥ 환자   ⑦ 팀   ⑧ 단체

(3) 목적에 대한 분류

① 교육적   ② 친교적(단합, 경쟁)   ③ 상업적   ④ 오락적   ⑤ 특수적

(4) 동작에 대한 분류

① 정적   ② 질적   ③ 양적

(5) 대형에 대한 분류

① 자유형   ② 강의형   ③ 횡대   ④ 종대   ⑤ 테이블

(6) 장소에 대한 분류

① 실내 : 강의실, 강당, 실내체육관, 공연장, 무대 등

② 실외 : 운동장, 캠프장, 실외체육관, 공원, 강이나 바닷가 등

(7) 시간에 대한 분류

① 아침   ② 점심   ③ 저녁

2 | 인사 게임

인사 게임이란? 서로 간에 어색한 분위기를 자연스럽게 만들어 친밀감을 주는 게임을 말한다.

1) 인사 게임 실전게임

(1) 레크스쿨

① 레크스쿨에 처음 왔어요.

　　모두 모두 모여서 환영을 해요.

② 레크스쿨이 시작이 됐어요.

　　모두 모두 모여서 공부를 해요.

(2) 좋다 좋아!

① 보면 볼수록 기분 좋구요.

② 알면 알수록 행복하구요.

③ 만나면 만날수록 보고 싶어요.

(3) 세요세요

① 안녕, 안녕 안녕하세요.

② 어서 어서 어서오세요.

③ 날봐 날봐 날봐주세요.

(4) 좋은 사람

① 좋은 사람 만났더니 입꼬리가 팍!팍!팍! 올라가구요.

② 좋은 사람 만났더니 웃음이 하!하!하! 나오구요.

③ 좋은 사람 만났더니 마음이 확!확!확! 열렸어요.

④ 그 사람이 바로 당신입니다.

(5) 다시 보세요

① 다시 다시 잘~보세요

② 좋은 점도 있고, 멋진 점도 있어요.

③ 알면 알수록 더 좋은 사람 ○○○입니다.

(6) 만남은

① 처음 만나면 손손손 악수하세요.

② 자주 만나면 하하하 웃어주세요.

③ 매일 만나면 꽉꽉꽉 안아주세요.

④ 소중한 만남이 되었으면 합니다.

3 박수 게임

박수 게임이란, 개인 게임 중 하나로 모든 동작이 박수로 끝나는 것을 말하며 시선을 집중시키거나 분위기를 잡는데 사용된다.

기본 형태 1

이마이마 짝 짝 / 코코 짝 짝 / 귀귀 짝 짝 / 턱턱 짝짝

이마 짝, 코코 짝, 귀귀 짝, 턱 짝짝/ 이마, 귀, 코, 턱 짝

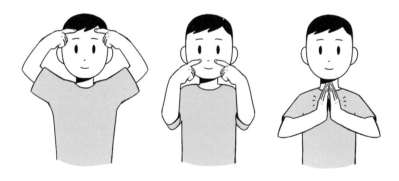

1) 박수 게임 실전게임

(1) 손가락박수

① 엄지 엄지 짝짝, 검지 검지 짝짝, 중지 중지 짝짝,
   약지 약지 짝짝, 소지 소지 작짝

② 엄지 짝, 검지 짝, 중지 짝, 약지 짝, 소지 짝

③ 엄지, 검지, 중지, 약지, 소지 짝짝

(2) 감씨 삼형제

① 감사 감사 짝짝, 감탄 감탄 짝짝, 감동 감동 짝짝

② 감사 짝, 감탄 짝, 감동 짝

③ 감사, 감탄, 감동 짝짝

(3) 이쁜이 삼형제

① 웃음 웃음 짝짝, 칭찬 칭찬 짝짝, 용서 용서 짝짝

② 웃음 짝, 칭찬 짝, 용서 짝

③ 웃음, 칭찬, 용서 짝짝

(4) 어절씨구 박수

① 얼씨구 얼씨구 짝짝, 절씨구 절씨구 짝짝, 얼쑤 얼쑤 짝짝

② 얼씨구 짝, 절씨구 짝, 얼쑤 짝

③ 얼씨구, 절싸구, 얼쑤 짝짝

(5) 인생에 못난이 삼형제를 소개합니다.

① 후회 후회 짝짝, 절망 절망 짝짝, 포기 포기 짝짝

② 후회 짝, 절망 짝, 포기 짝

③ 후회, 절망, 포기 짝짝

(6) 사랑의 세 가지 힘

① 다정 다정 짝짝, 인정 인정 짝짝, 온정 온정 짝짝

② 다정 짝, 인정 짝, 온정 짝

③ 다정, 인정, 온정 짝짝

(7) 멋쟁이

① 머리 머리 짝짝, 가슴 가슴 짝짝, 허리 허리 짝짝

② 머리 짝, 가슴 짝, 허리 짝

③ 머리, 가슴, 허리 짝짝

머리   가슴   허리

(8) 명약

① 양약 양약 짝짝, 보약 보약 짝짝, 활약 활약 짝짝

② 양약 짝, 보약 짝, 활약 짝

③ 양약, 보약, 활약 짝짝

(9) 명소

① 옳소 옳소 짝짝, 좋소 좋소 짝짝, 맞소 맞소 짝짝

② 옳소 짝, 좋소 짝, 맞소 짝

③ 옳소, 좋소, 맞소 짝짝

(10) 내 짝꿍

① 앞에 앞에 짝짝, 짝궁 짝궁 짝짝, 좋아 좋아 짝짝

② 앞에 짝, 짝궁 짝, 좋아 짝

③ 앞에, 짝궁, 좋아 짝짝

(11) 무지개 박수

① 빨 : 오른손으로 오른쪽 볼에 손을 댄다.

② 주 : 왼손으로 왼쪽 볼에 손을 댄다.

③ 노 : 오른손으로 왼쪽 가슴에 댄다.

④ 초 : 왼손으로 오른쪽 가슴에 댄다.

⑤ 파 : 오른손으로 오른쪽 무릎에 댄다.

⑥ 남 : 왼손으로 왼쪽 무릎에 댄다.

⑦ 보 : 양손 손바닥을 짝 편다.

(12) 요일 박수

① 월 : 양손 검지를 왼쪽으로 향한다.

② 화 : 양손 검지를 오른쪽으로 향한다.

③ 수 : 양손 검지를 위로 향한다.

④ 목 : 양손 검지를 아래로 향한다.

⑤ 금 : 오른손 검지는 위로, 왼손 검지는 아래로 향한다.

⑥ 토 : 왼손 검지는 위로, 오른손 검지는 아래로 향한다.

⑦ 일 : 양손 검지를 가운데로 향한다.

(13) 술 박수

① 홀짝 홀짝 짝짝

② 꿀꺽 꿀꺽 짝짝

③ 카~ 카~ 짝짝

④ 흔들 흔들 짝짝

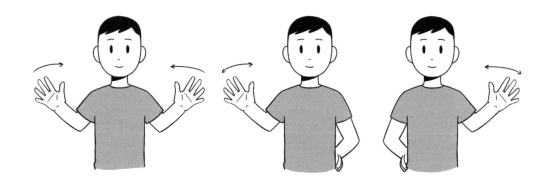

(14) 김치 박수

① 배추 배추 짝짝, 무 무 짝짝, 마늘 마늘 짝짝,

　생강 생강 짝짝, 고춧가루 고춧가루 짝짝

② 배추 짝, 무 짝, 마늘 짝, 생강 짝, 고춧가루 짝

③ 배추, 무, 마늘, 생강, 고춧가루 짝짝

(15) 내장 박수

① 간장간장 짝짝, 비장비장 짝짝, 위장위장 짝짝, 대장대장 짝짝

② 간장 짝, 비장 짝, 위장 짝, 대장 짝

③ 간장, 비장, 위장, 대장 짝짝

(16) 깡 박수

① 고구마 고구마 깡깡, 감자 감자 깡깡,

　양파 양파 깡깡, 새우 새우 깡깡

② 고구마 깡, 감자 깡, 양파 깡, 새우 깡

③ 고구마, 감자, 양파, 새우 깡깡

(17) 야채 박수

① 호박 호박 짝짝, 감자 감자 짝짝, 오이 오이 짝짝,

　양파 양파 짝짝, 당근 당근 짝짝

② 호박 짝, 감자 짝, 오이 짝, 양파 짝, 당근 짝

③ 호박, 감자, 오이, 양파, 당근 짝짝

(18) 체조박수

가. 손가락체조(박수 네 번 친다)

① 하나, 둘, 셋, 넷 (손을 접었다 폈다*2)

② 엄지손가락 짝짝짝, 검지손가락 짝짝짝

③ 중지손가락 짝짝짝, 약지손가락 짝짝짝, 소지손가락 짝짝짝

나. 온몸체조(X자로 가슴 두드린다)

① 손 손 짝짝, 박수 박수 짝짝, 얼굴 얼굴 짝짝

② 손 짝, 박수 짝, 얼굴 짝

③ 손, 박수, 얼굴 짝짝

(19) 봄나물 박수

① 냉이 냉이 짝짝, 달래 달래 짝짝, 봄동 봄동 짝짝

　두릅 두릅 짝짝, 참나물 참나물 짝짝, 취나물 취나물 짝짝

② 냉이 짝, 달래 짝, 봄동 짝, 두릅 짝, 참나물 짝, 취나물 짝

③ 냉이, 달래, 봄동, 두릅, 참나물, 취나물 짝짝

4 와와 손놀이

와와 손놀이란? 교훈과 음율이 있어 소리와 동작을 재미있게 표현하는 손동작을 말한다.

1) 와와 손놀이 실전게임

(1) 주인공

① 두려움을 이기는 것은 자신감이요.

② 낙심을 이기는 것은 도전이요.

③ 절망을 이기는 것은 희망이다.

(2) 노년의 삶

① 노년의 삶을 가장 멋지게 사는 방법은

② 즐겁게 재밌게 기쁘게 사는 것이요.

③ 웃다보면 시간 가고, 살다보면 세월 가니

④ 서로 위로하고, 격려하고, 칭찬하며 살아봅시다.

(3) 멋진 노년

① 눈이 있으니 볼 수 있고, 귀가 있으니 들을 수 있고

② 입이 있으니 말할 수 있고, 손이 있으니 잡을 수 있고

③ 발이 있으니 걸을 수 있다는 것을 감사하며 살아봅시다.

(4) 더 중요한 날

① 살아온 날보다 살아갈 날이 더 중요하다.

② 과거를 한탄하지 말고 미래를 두려워하지 말고

③ 현재를 즐기며 재밌게 살아야 멋진 인생입니다.

(5) 액티브 시니어

① 인생은 끝까지 가봐야 안다.

② 주저하지 말고, 포기하지 말고, 낙심하지 말고

③ 새로운 인생을 위해, 결심하고, 시작하고, 행동한다면

④ 나는 항상 청춘이다.

(6) 둘이 둘이

① 나너 둘이 둘이 사랑하고 좋아하면 그것이 멋진 인생

② 나너 둘이 둘이 나눠주고 도와주면 그것이 멋진 인생

③ 나너 둘이 둘이 함께하고 같이하면 그것이 멋진 인생

(7) 당연하지

① 포기하면 허무하고

② 성공하면 기분 좋다

② 이것이 멋진 인생

(8) 인생사

① 살다보면 알게 됩니다. 우리 모두 함께 살아야 한다는 것을

② 살다보면 알게 됩니다. 웃다보면 기분이 좋아지는 것을

③ 잠시 머물다 가는 인생, 잠시 머물러 있는 세월

④ 마음을 비우고, 사랑으로 채우고, 어울리며 사는 것이

⑤ 그것이 인생입니다.

(9) 열심히 펍시다.

① 과거에 힘들었던 기억들을 모두 털어버리고

② 현재에 행복한 일들로 가득 채웁시다.

③ 미래를 바라보며 용기와 자신감으로 달려갑시다.

(10) 야야야

① 다같이 함성을 야야야! 더 크게 함성을 야야야!

② 다같이 함성을 짝!짝!짝! 더 크게 함성을 짝!짝!짝!

③ 다같이 함성을 쿵!쿵!쿵! 더 크게 함성을 쿵!쿵!쿵!

(11) 아자자

① 주먹은 주먹은 아자! 아자! 아자!

② 손바닥 손바닥 아싸! 아싸! 아싸!

③ 양손은 양손은 아자! 아자! 아자!

(12) 해봐 해봐 다~돼

① 한 걸음 어렵지 않아요. 두 걸음 힘들지 않아요.

② 할 수 있다 생각하고 긍정적으로 행동하면

③ 그까지 꺼 뭐, 그까지 꺼 뭐 별거 아니야

④ 해봐, 해봐 다~~~돼

(13) 오뚝기

① 노년은 가라 청춘아 와라 넘어지고 쓰러져도(왼손 손바닥)

② 다시 일어서는 오뚝기 힘들어도 지쳤어도

③ 다시 일어서는 오뚝기 내 이름은~오뚝기

(14) 한 살

① 생각하면 인생 별거 아닙니다.

② 인생 대박을 위해 한 살부터 다시 시작하고

③ 두 주먹 불끈 쥐고, 가슴 벅찬 인생 다시 살아봅시다.

5 시니어율동

박수를 치면서 노래를 부르거나, 가사에 어울리는 동작을 넣어 쉽고 재미있게 표현할 수 있다.
남녀노소에 관계없이 누구나 즐길 수 있는 노래를 선정하고 부름으로서 마음을 열어 모든 사람
들이 참여하게 만든다.

1) 시니어율동 선정방법

① 누구나 알고 쉽게 따라 부를 수 있는 노래를 선정한다.

② 가능한 4/4박자인 경쾌한 노래를 선정한다.

③ 연령대에 맞는 노래를 선정한다.

④ 밝고 희망적이며 건전한 노래를 선정한다.

2) 시니어율동 지도법

① 진행자가 먼저 두 번 정도 시범을 보인다.

② 박자에 맞는 시작 구령을 붙인다.

③ 노래의 박자에 맞춰 동작을 따라하게 하되 동작은 크게 한다.

④ 가사의 내용에 따라 동작과 표정을 연출해야 한다.

⑤ 참가자들에게 적극적인 참여를 유도한다.

⑥ 음정이 높지 않고 편안한 노래를 한다.

⑦ 동작이나 박수를 쳐서 함께 할 수 있는 노래를 부른다.

⑧ 악기나 테이프, CD를 이용하여 분위기가 흥이 나게 한다.

⑨ 맨 처음 시작하는 노래는 서로 마음을 열수 있는 노래를 선정한다.

⑩ 칭찬과 유머를 섞어가며 진행한다.

오뚜기 인생 (배일호)

가 사	동 작
걱정하지마	양손을 가슴에 댄다.
고민하지마	양손 검지를 머리에 댄다.
까짓것 해보는거야	양손 주먹을 쥔다.
걱정일랑 잊어	양손을 가슴에 대고 손바닥을 밑으로 내린다.
고민일랑 버려	양손 검지를 머리에 댄 후 위로 뻗는다.
이제부터 내세상이다	양손 주먹을 쥔다.
야야야	검지와 중지로 V자로 만든 후 양 옆으로 세 번.
내가 누구냐	양손 엄지로 자신을 가리킨다.
오뚜기란다	양손 주먹을 쥐고 올챙이 춤을 춘다.
야야야	검지와 중지로 V자로 만든 후 양 옆으로 세 번.
내가 누구냐	양손 엄지로 자신을 가리킨다.
오뚜기란다	양손 주먹을 쥐고 올챙이 춤을 춘다.
넘어지면 일어나는	양손을 앞으로 뻗은 후, 양손을 뒤로 뻗는다.
오뚜기란다	양손 주먹을 쥐고 올챙이 춤을 춘다.
사람팔자 시간문제다	오른손, 왼손 손가락 4개를 편 후 밖에서 안으로 뻗는다.
내일은 해가 뜬다	왼쪽 가슴, 오른쪽 가슴을 두드린 후 위로 뻗는다.
나도 뜬다 뜬다	오른쪽 가슴, 왼쪽 가슴을 두드린 후 위로 뻗는다.
이제부터 내세상이다	양손 주먹을 쥔다.
걱정하지마	양손을 가슴에 댄다.
고민하지마	양손 검지를 머리에 댄다.
까짓것 해보는거야	양손을 주먹을 쥔다.
걱정일랑 잊어	양손을 가슴에 대고 손바닥을 밑으로 내린다.
고민일랑 버려	양손 검지를 머리에 댄 후 위로 뻗는다.
다시 한번 해보는거다	양손을 주먹을 쥔다.
야야야	반복~~~~~

폼나게 살거야 (배일호)

가 사	동 작
폼나게 살거야	양손을 허리에 댄다.
멋있게 살거야	양손으로 머리에 가르마를 탄다.
어차피 사는 세상	양손을 양쪽으로 벌리고 흔든다.
하루를 살~아도	양손 검지를 편다.
내사랑	양손으로 하트를 만든다.
백년을 살~아도	양손 손가락을 편다.
내사랑	양손으로 하트를 만든다.
나는 나는	양손 엄지를 자신을 가리킨다.
네가 좋더라	양손을 앞쪽으로 뻗어 흔들어 준다.
이제부터	양손을 주먹을 쥔다.
폼나게 살거야	양손을 허리에 댄다.
그 누가 누가 누가 뭐래도	오른손 검지, 왼손 검지를 차례로 편 후 흔든다.
큰소리 치고	양손 손바닥을 편 후 위로 뻗는다.
살게 할거야	양손을 주먹을 쥔다.
따라와~따라와	오른손, 왼손 차례로 밖에서 안으로 뻗는다.
다 내가 해줄거야	양손을 펴고 난후 주먹을 쥔다.
따라와~ 따라와~~~	오른손, 왼손 차례로 밖에서 안으로 뻗는다.
것도 하지 말고	양손을 좌우로 흔든다.
따라와~~	양손을 밖에서 안으로 뻗는다.
폼나게 살거야	양손을 허리에 댄다.
멋지게 살거야	양손으로 머리에 가르마를 탄다.
어차피 사는 인생~~	양손을 양쪽으로 벌리고 흔든다.
천년을 살~아도	양손 검지를 편다.
내사랑	양손으로 하트를 만든다.
백년을 살~아도	양손 손가락을 편다.
내사랑	양손으로 하트를 만든다.
나는 나는	양손 엄지를 자신을 가리킨다.
네가 좋더라	양손을 앞쪽으로 뻗어 흔들어 준다.
	반복~~~~

최고의 인생(허소영)

가 사	동 작
호탕하게 웃었다	양손을 펴서 얼굴 앞에서 뻗는다.
이세상이	양손으로 크게 원을 만든다.
주인공	양손 엄지를 편다.
당신 앞에	양손을 앞으로 뻗는다.
당당히	양손 두 주먹을 쥔다.
나를 보인다	양손으로 가슴을 두드린다.
잘났다고	양손을 위로 올린다.
폼잡고	양손을 허리로 댄다.
살지 않겠다	고개를 좌우로 흔든다.
있는대로 그대로	양손으로 머리, 어깨, 허리를 차례로 올린다.
보여주고 살거다	양손으로 가슴을 두드린다.
고민 고민	오른손 검지, 왼손 검지를 차례로 올린다.
하면서	검지를 머리를 두드린다.
사는 것은	손가락 네 개를 편 후 주먹을 쥔다.
힘들어	양손을 주먹을 쥐고 올챙이 춤을 춘다.
하하하 호호	양손을 펴서 얼굴 앞에서 흔든다.
웃고 살면	양손을 앞으로 뻗는다.
이세상이	양손으로 크게 원을 만든다.
다 내꺼야	양손을 밖에서 안으로 감싸 안는다.
내가 가는 인생이	양손 손을 펴고 걷는 동작을 한다.
최고라고 생각해	양손 검지를 핀 펴고, 흔든다.
후회는 하지	양손을 펴고 앞으로 뻗는다.
않을거야	양손을 뻗은 후 좌우로 흔든다.
내가가는 인생길	양손 손을 펴고 걷는 동작을 한다.

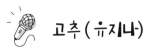

고추 (휴지나)

가 사	동 작
고개 고개	머리를 앞으로 한번 끄덕인다.
넘어가도	머리를 왼쪽에서 오른쪽으로 돌린다.
또 한 고개 남았네	양손검지를 편 후 흔들어 준다.
넘어가도 넘어가도	목을 왼쪽으로 돌려준다.
끝이 없는 고갯길	양손 검지를 펴고 흔든 후, 고개를 앞으로 끄덕인다.
세상살이가	왼손을 차례로 접는다.
인생살이가	오른손을 차례로 접는다.
고추보다 맵다 매워	양손 엄지를 편 후 흔들어 준다.
사랑하는	양손으로 하트를 만든다.
정든님과	양손 손바닥을 붙인다.
둘이라면	배 앞에서 양손을 잡는다.
백년이고	왼손을 쭉 편 후 밑에서 위로 올린다.
천년이고	오른손을 쭉 편 후 밑에서 위로 올린다.
두리둥실 두리둥실	양손을 어깨에서 좌우로 흔든다.
살아가련만	양손을 어깨에서 좌우로 흔든다.
세상살이가	왼손을 차례로 접는다.
인생살이가	오른손을 차례로 접는다.
고추보다 맵다 매워	양손 엄지를 편 후 흔들어 준다.
	후렴~~~~
고개 고개	머리를 앞으로 한번 끄덕인다.
넘어가도	머리를 왼쪽으로 돌려준다.
또 한고개 남았네	양손검지를 편 후 흔들어 준다.
돌아가도 돌아가도	머리를 왼쪽으로 돌려준다.
끝없는 고갯길	양손 검지를 펴고 흔든 후, 고개를 앞으로 끄덕인다.

가　사	동　작
세상살이가	왼손을 차례로 접는다.
인생살이가	오른손을 차례로 접는다.
고추보다 맵다 매워	양손 엄지를 편 후 흔들어 준다.
사랑하는	양손으로 하트를 만든다.
정든님과	양손 손바닥을 붙인다.
둘이라면	배 앞에서 양손을 잡는다.
천년이고	왼손을 쭉 편 후 밑에서 위로 올린다.
만년이고	오른손을 쭉 편 후 밑에서 위로 올린다.
두리둥실	양손을 어깨에서 좌우로 흔든다.
두리둥실	양손을 어깨에서 좌우로 흔든다.
살아가련만	왼손을 차례로 접는다.
세상살이가	오른손을 차례로 접는다.
인생살이가	양손 엄지를 편 후 흔들어 준다.
고추보다 맵다 매워	양손 엄지를 편 후 흔들어 준다.

멋진 인생(박정식)

가 사	동 작
잘 났다고	양손을 위로 올린다.
못났다고	양손으로 머리를 두드린다.
누가 말했나	양손 검지를 펴고 안에서 밖으로 뻗는다.
서로 믿고	양손을 잡는다.
사랑하면	양손으로 가슴에서 작은 하트를 만든다.
그것이 멋진 인생	양손 검지와 엄지를 편다.
많고 많은	양손을 밖에서 안으로 모은다.
사랑중에	양손으로 가슴에서 작은 하트를 만든다.
우리 만남은	양손을 허리쪽에서 잡아준다.
하늘에서	양손을 위로 올린다.
맺어주신	양손을 위에서 잡는다.
천생연분일세	양손을 잡고 위에서 아래로 내린다.
아리랑	양손을 왼쪽으로 엇비켜 돌린다.
쓰리랑	양손을 오른쪽으로 엇비켜 돌린다.
아라리가 났구나	양손을 가운데에 엇비켜 돌린 후 양손을 위아래 흔든다.
아리아리아리	양손을 왼쪽으로 엇비켜 돌린다.
동 동	박수를 친다.
쓰리 쓰리쓰리	양손을 오른쪽으로 엇비켜 돌린다.
동 동	박수를 친다.
아름다운	양손으로 원을 만든다.
이 세상에	양손 검자와 중지를 펴 V자를 만든다.
한번 왔다	양손 검지를 편다.
가는 인생	양손 주먹을 쥐고 걷는 동작을 한다.
멋지게 살아보세	양손 엄지를 펴고 위로 올린다.
	후렴~~~~

가 사	동 작
잘난 사람	양손을 위로 올린다.
못난 사람	양손으로 머리를 두드린다.
따로 있더냐	양손 검지를 펴고 안에서 밖으로 뻗는다.
서로 믿고	양손을 잡는다.
사랑하면	양손으로 하트를 만든다.
그것이 멋진인생	양손 검지와 엄지를 핀다.
백짓장도	양손 손바닥을 앞으로 뻗는다.
맞들면은	양손 손바닥을 서로 보게 만든다.
가볍다는 데	양손을 좌우로 흔든다.
세상살이	양손 세손가락을 편다.
힘들거든	양손 주먹을 쥔다.
함께 살아봐요	양손 주먹을 쥐고 흔들면서 위로 올린다.
아리랑	양손을 왼쪽으로 엇비켜 돌린다.
쓰리랑	양손을 오른쪽으로 엇비켜 돌린다.
아라리가 났구나	양손을 가운데에 엇비켜 돌린 후 양손을 위아래 흔든다.
아리 아리아리	양손을 왼쪽으로 엇비켜 돌린다.
동동	박수를 친다.
쓰리 쓰리쓰리	양손을 오른쪽으로 엇비켜 돌린다.
동동	박수를 친다.
아름다운	양손으로 원을 만든다.
이 세상에	양손 검자와 중지를 펴 V자를 만든다.
한 번 왔다	양손 검지를 편다.
가는 인생	양손을 힘있게 주먹을 쥔다.
멋지게 살아보세	양손 엄지를 펴고 위로 올린다.
멋지게 살아보세	양손 엄지를 펴고 위로 올린다.
멋진 인생	양손 엄지를 펴고 앞으로 뻗는다.

천년지기 (슈진표)

가 사	동 작
내가	양손을 가슴에 댄다.
지쳐 있을 때	양손 손바닥을 밑으로 뻗으며 흔든다.
내가	양손을 가슴에 댄다.
울고 있을 때	양손을 얼굴에 댄다.
위로가 되어준 친구	양손을 위로 올린다.
너는 나의	양손을 앞으로 뻗은 후 양손 엄지로 자신을 가리킨다.
힘이야	양손 주먹을 쥔다.
너는 나의	양손을 앞으로 뻗은 후 양손 엄지로 자신을 가리킨다.
보배야	양손을 위로 뻗는다.
천년지기	양손을 엄지를 편다.
나의 벗이야	양손 엄지를 자신을 가리킨 후 엄지를 앞으로 뻗는다.
친구야	양손으로 이름을 부른다.
우리 우정의	양손을 잡는다.
잔을	오른손으로 잔을 만든다.
높이 들어 건배를 하자	오른손을 위로 올린 후 흔든다.
같은 배를	양손을 옆으로 벌린다.
함께 타고	양손을 앞으로 내민다.
떠나는 인생길	양손을 앞으로 흔든다.
네가 있어	양손 검지를 앞으로 편다.
외롭지 않아	양손 검지를 앞에서 좌우로 흔든다.
너는 정말	양손 주먹을 쥐고 앞으로 뻗는다.
좋은 친구야	양손 엄지를 편 후 양손을 펴고 앞으로 뻗는다.
	후렴~~~~
내가	오른손을 왼쪽 가슴에 댄다.
외로워 할 때	양손으로 가슴을 두드린다.
내가	왼손을 오른쪽 가슴에 댄다.
방황을 할 때	양손으로 걷는 동작을 한다.
위로가 되어준 친구	양손을 위로 올린다.

가 사	동 작
너는 나의	양손을 앞으로 뻗은 후 양손 엄지를 자신을 가리킨다.
힘이야	양손 주먹을 쥔다.
너는 나의	양손을 앞으로 뻗은 후 양손 엄지를 자신을 가리킨다.
보배야	양손을 위로 뻗는다.
천년지기	양손을 엄지를 편다.
나의 벗이야	양손 엄지를 자신을 가리킨 후 엄지를 앞으로 뻗는다.
친구야	양손으로 이름을 부른다.
우리 우정의	양손을 잡는다.
잔을	오른손으로 잔을 만든다.
높이 들어 건배를 하자	오른손을 위로 올린 후 흔든다.
같은 배를	양손을 옆으로 벌린다.
함께 타고	양손을 앞으로 내민다.
떠나는 인생길	양손을 앞으로 흔든다.
네가 있어	양손 검지를 앞으로 편다.
외롭지 않아	양손 검지를 앞에서 좌우로 흔든다.
너는 정말	양손 주먹을 쥐고 앞으로 뻗는다.
좋은 친구야	양손 엄지를 편 후 양손을 펴고 앞으로 뻗는다.
친구야	양손으로 이름을 부른다.
우리 우정의	양손을 엇갈려 가슴에 댄다.
잔을	오른손으로 잔을 만든다.
높이 들어 건배를 하자	오른손을 위로 올린 후 흔든다.
같은 배를	양손을 옆으로 벌린다.
함께 타고	양손을 앞으로 내민다.
떠나는 인생길	양손을 앞으로 흔든다.
네가 있어	양손 검지를 앞으로 편다.
외롭지 않아	양손 검지를 앞에서 좌우로 흔든다.
너는 정말	양손 주먹을 쥐고 앞으로 뻗는다.
좋은 친구야	양손 엄지를 편 후 양손을 펴고 앞으로 뻗는다.
너는 정말	양손 주먹을 쥐고 앞으로 뻗는다.
멋진 친구야	양손 엄지를 편 후 양손을 펴고 앞으로 뻗는다.

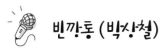
빈깡통 (박상철)

가 사	동 작
딸랑 딸랑 딸랑*2	양손을 흔든다.
가진 것 없지만	양손을 쥐었다 폈다 한 후 양손을 흔든다.
마음은	양손을 X자로 가슴에 댄다.
부자	양손을 올린다.
빈 깡통이	양손 주먹을 쥔 후 위아래 붙인다.
나가신다.	양손으로 걷는 동작을 한다.
돈 없으면	엄지와 검지를 붙인다.
어때서	양손을 흔든다.
모자라면	양손을 머리를 만진다.
어때서	양손을 흔든다.
나를 나를	양손 엄지를 자신을 가리킨다.
놀리지마	양손 검지를 입 앞에서 흔든다.
세상에	양손 손가락 세 개를 편다.
태어나	양손 주먹을 쥔다.
한번쯤은	양손 검지를 편다.
떵떵 거리며	양손으로 배를 두드린다.
살고 싶었다	양손 주먹을 쥐고 양손을 편다.
무시하지 마라	양손을 앞으로 뻗고 난 후 양손을 좌우로 흔든다.
놀리지 마라	양손을 얼굴에 대고 흔든다.
내 멋에	양손 머리, 어깨, 허리
살아간단다.	양손 허리에 대고 흔든다.
돈 없고	양손 엄지와 검지를 붙인다.
백 없고	왼손에 오른손을 댄다.
걱정도 없는	양손을 X자로 가슴에 댄다.
마음은 부자랍니다.	양손을 X자로 가슴에 댄 후 위로 올린다.
돈 없고	양손 엄지와 검지를 붙인다.
백 없고	왼손에 오른손을 댄다.
걱정도 없는	양손을 X자로 어깨에 댄다.
마음은 부자랍니다.	양손을 X자로 가슴에 댄 후 위로 올린다.

웃으며 삽시다 (문•연주)

가 사	동 작
인생살이	양손 손가락을 차례로 접는다.
마음대로	오른손을 가슴에 댄다.
되~는게 있~나	오른손 검지를 편 후 앞으로 뻗는다.
그러 땐 그럴 땐	왼손, 오른손 번갈아 앞으로 뻗는다.
마음을 비우고	양손으로 가슴에 대고 양손을 밑으로 내린다.
크게 한번 웃어요	양손을 위로 올리고 검지를 편 후 손바닥을 앞으로 뻗는다.
살다 보면	고개를 앞, 뒤로 흔든다.
한세상인 걸	양손 검지를 편다.
짜증 내며	양손으로 머리를 두드린다.
화를 내며	양손으로 가슴을 두드린다.
무엇 하나요	양손으로 무릎을 두드린다.
인~생사	양손 손가락을 차례로 접는다.
세상사가	손가락 세 개를 펴고 흔든다.
흘러 가는	양손을 앞으로 흔들며 앞으로 뻗는다.
강물 같더라	양손을 좌우로 뻗는다.
웃~으며	양손을 펴고 앞으로 뻗는다.
웃으며 삽시다	양손을 펴고 위로 올린다.
	후렴~~~~
세~상살이	손가락 세 개를 펴고 흔든다.
마음대로	오른손을 가슴에 댄다.
되~는게 있~나~~	오른손 검지를 편 후 앞으로 뻗는다.
그럴 때 그럴 때	왼손, 오른손 번갈아 앞으로 뻗는다.
가슴을 열고서는	양손으로 가슴에 대고 양손을 좌우로 편다.
크~게 한번 웃어요	양손을 위로 올리고 검지를 편 후 손바닥을 앞으로 뻗는다.

가 사	동 작
둥글 둥글	양손을 엇비켜 돌린다.
살다보면	고개를 앞, 뒤로 흔든다.
한 세상인걸	양손 검지를 편다.
짜증 내며	양손으로 머리를 두드린다.
화를 내며	양손으로 가슴을 두드린다.
무엇하나요	양손을 무릎을 두드린다.
인~생사	양손 손가락을 차례로 뻗는다.
세상사~가	손가락 세 개를 펴고 흔든다.
흘러가는	양손을 앞으로 흔들며 앞으로 뻗는다.
강물 같더라	양손을 좌우로 뻗는다.
웃~으며	양손을 펴고 앞으로 뻗는다.
웃으며 삽시다.	양손을 펴고 위로 올린다.

사랑은 김치맛이야 (김미성)

가 사	동 작
어~허 님이여	양손을 밑에서 위로 네 번 나누어 올린다.
양념이 되거라	양손으로 머리를 만진다.
나는 당신의	오른손, 왼손 번갈아 뻗는다.
김치가 되리니	양어깨 겨드랑이를 흔든다.
어~허 님이여	양손을 밑에서 위로 네 번 나누어 올린다.
마늘이 되거라	양손 주먹을 쥐었다 폈다 한다.
나는 당신의	오른손, 왼손 번갈아 뻗는다.
소금이 되리니	양손을 흔들어 준다.
한겨울 땅속에	오른쪽으로 양손으로 두드린다.
묻어둔 김장독처럼	왼쪽으로 양손으로 두드린다.
봄이면 꺼내먹는	양손을 무릎을 두드려 준다.
사랑은 김치맛이야	양손을 앞으로 뻗으며 작은 원, 큰 원을 만든다.
어~허 님이여	양손을 밑에서 위로 네 번 나누어 올린다.
사랑을 하거라	목을 돌려준다.
새콤하고 달콤한	오른손으로 왼쪽 가슴, 왼손으로 오른쪽 가슴을 두드려준다.
사랑을 하거라	어깨를 돌려준다.

쿵짝 쿵짝 (박상철)

가 사	동 작
쿵짝 쿵짝 쿵짝 쿵짝	양손 주먹을 쥐고 위아래 두드린다.
쿵짜작 쿵짝작	박수를 친다.
쿵짝 쿵짝 쿵짝 쿵짝	양손 주먹을 쥐고 위아래 두드린다.
쿵짜작 쿵짝작	박수를 친다.
품바가 품바가	오른손 왼손을 차례로 올린다.
돌아간다 간다	양손을 위로 올린 후 좌우로 돌린다.
세상은 넓고 넓잖아	양손을 위에서 아래로 큰 원을 만든다.
세상살이	양손 손가락 세 개를 편다.
힘들다고	양손 주먹을 쥔다.
포기말아요	양손을 위에서 아래로 내린다.
살다보면	양손을 차례로 접는다.
좋은날 있을 테니까	양손을 위로 올려준다.
처음부터	오른손 검지를 펴고 위로 올린다.
잘사는 사람	왼손 검지를 펴고 위로 올린다.
어디 있나요	양손 검지를 펴고 위로 올린다.
열심히 살아갑시다	양손을 쫙 펴고 주먹을 쥔다.
살다보면 살다보면	양손을 차례로 접는다.
힘든 일도 많겠지만	양손 주먹을 위로 올린다.
그래도 내게는	박수 한번치고 X자로 가슴에 댄다.
당신 하나만	양손을 앞으로 뻗어 준다.
당신 하나 하나 뿐이죠	양손 앞으로 뻗은 후, 양손 검지를 펴고 흔들어 준다.
아무리 가는 길이	오른손으로 얼굴 오른쪽에서 바깥으로 보는 동작을 한다.
힘들어도	왼손으로 얼굴 왼쪽에서 바깥으로 보는 동작을 한다.
당신 있어 나는 행복해	양손을 좌우로 흔들어 준다.
이제부터 시작이야	무릎 두 번 손뼉 두 번
포기하지마	손을 위에서 아래로 내린다.

가 사	동 작
넓고 넓잖아	양손을 위에서 아래로 큰 원을 만든다.
	후렴~~~~
쿵짝 쿵짝 쿵짝 쿵짝	양손 주먹을 쥐고 위아래 두드린다.
쿵짜작 쿵짝작	박수를 친다.
쿵짝 쿵짝 쿵짝 쿵짝	양손 주먹을 쥐고 위아래 두드린다.
쿵짜작 쿵짝작	박수를 친다.
품바가 품바가	오른손 왼손을 차례로 올린다.
돌아간다 간다	양손을 위로 올린 후 좌우로 돌린다.
세상은 넓고 넓잖아	양손을 위에서 아래로 큰 원을 만든다.
세상살이	양손 손가락 세 개를 편다.
힘들다고	양손 주먹을 쥔다.
포기말아요	양손을 위에서 아래로 내린다.
살다보면	양손을 차례로 접는다.
좋은날 있을 테니까	양손을 위로 올려준다.
처음부터	오른손 검지를 펴고 위로 올린다.
잘사는 사람	왼손 검지를 펴고 위로 올린다.
어디있나요	양손 검지를 펴고 위로 올린다.
열심히 살아갑시다	양손을 쫙 펴고 주먹을 쥔다.
살다보면 살다보면	양손을 차례로 접는다.
힘든 일도 많겠지만	양손 주먹을 위로 올린다.
그래도 내게는	박수 한번치고 X자로 가슴에 댄다.
당신 하나만	양손을 앞으로 뻗어 준다.
당신 하나 하나 뿐이죠	양손 앞으로 뻗은 후, 양손 검지를 펴고 흔들어 준다.
아무리 가는 길이	오른손으로 얼굴 오른쪽에서 바깥으로 보는 동작을 한다.
힘들어도	왼손으로 얼굴 왼쪽에서 바깥으로 보는 동작을 한다.
당신 있어 나는 행복해	양손을 좌우로 흔들어 준다.
이제부터 시작이야	무릎 두 번 손뼉 두 번
포기하지마	손을 위에서 아래로 내린다.

안동역에서 (진성)

가 사	동 작
바람에	오른손 오른쪽에서 왼쪽으로 움직인다.
날려버린	왼손 왼쪽에서 오른쪽으로 움직인다.
허무한 맹세였나	양손을 위로 올린다.
첫눈이 내리던날	양손 검지를 편 후, 엄지와 검지를 붙이고 흔든다.
안동~역 앞에서	양손 손끝을 마주 댄다.
만나자고 약속한사람	양손을 허리 앞에서 잡는다.
새벽부터 오는 눈이	양손을 위로 올린 후, 엄지와 검지를 붙이고 흔든다.
무릎까지 덮는데	양손으로 무릎을 두드린다.
안오는건지 못오는건지	양손을 앞으로 쭉 뻗고 난 후, 양손을 안으로 당긴다.
오지않는 사람아	양손을 쭉 편 후, 주먹을 쥐고 흔들어 준다.
안타까운 내 마음만	오른손, 왼손 차례로 가슴에 댄다.
놓고 녹는다	X자로 가슴에 댄다.
기적소리 끊어진 밤에	양손 주먹을 쥐고 위로 올린다.
	전주곡
어차피 지워야할	양손 검지를 펴고 위로 올린 후 머리에 댄다.
사랑은 꿈이었나	양손으로 위로 큰 하트를 만든 후 잡는다.
첫눈이 내리던 날	양손 검지를 편 후, 엄지와 검지를 붙이고 흔든다.
안동역 앞에서	양손 손끝을 붙인다.
만나자고 약속한사람	양손을 허리에 잡고 흔든다.
새벽부터 오는 눈이	양손을 위로 올린 후, 엄지와 검지를 붙이고 흔든다.
무릎까지 덮는데	양손으로 무릎을 두드린다.
안오는건지 못오는건지	양손을 앞으로 쭉 뻗고 난 후, 양손을 안으로 당긴다.
대답없는 사람아	양손을 쭉 편 후, 주먹을 쥐고 흔들어 준다.
기다리는 내마음만	오른손, 왼손 차례로 가슴에 댄다.
녹고 녹는다	X자로 가슴에 댄다.
밤이 깊은 안동역에서	양손을 아래에서 위로 올린 후 손끝을 붙인다.
기다리는 내마음만	오른손, 왼손 차례로 가슴에 댄다.
녹고 녹는다	X자로 가슴에 댄다.
밤이 깊은 안동역에서	양손을 아래에서 위로 올린 후 손끝을 붙인다.

닐리리 맘보 (장민)

가 사	동 작
닐리리야 닐리리	가로박수 4번, 가로 쥐기 4번
닐리리맘보	세로 깍지 끼고 4번, 세로박수 4번
정다운 우리 님 닐리리	머리를 두드린다.
오시는 날에	양손 X자로 어깨를 두드린다.
원수의 비바람 닐리리	양손으로 엉덩이를 두드린다.
비바람 불어온다네	세로박수를 친다.
님 가신 곳을 알아야	오른손 위로, 왼손 아래로 뻗고 흔든다.
알아야지	왼손 위로, 오른손 아래로 뻗고 흔든다.
나막신 우산 보내지	양손을 위로 올리고 흔든다.
보내드리지	양손을 아래로 내리고 흔든다.
닐리리야 닐리리	가로박수 4번, 가로 쥐기 4번
닐리리 맘보	세로 깍지 끼고 4번, 세로박수 4번

 ## 소풍같은 인생 (추가열)

가 사	동 작
너도 한번	양손을 앞으로 뻗고 검지를 편다.
나도 한번	양손으로 가슴에 X자로 댄 후 검지를 편다.
누구나 한 번 왔다가는 인생	양손을 앞으로 뻗은 후 양손검지를 펴고 좌우로 흔든다..
바람 같은 시간이야	양손을 위로 올리고 등 뒤로 넘긴다.
멈추지 않는 세월	양손을 등 뒤에서 앞으로 내린다.
하루하루소중하지	오른손 검지, 왼손 검지를 편 후 검지 끼고 꼰다.
미련이야 많겠지만	양손을 오른쪽에서 왼쪽으로 이동한 후 왼쪽 가슴에 댄 후 몸을 움직여준다.

가 사	동 작
후회도 많겠지만	양손을 왼쪽에서 오른쪽으로 이동한 후 오른쪽 가슴에 댄 후 몸을 움직여 준다.
어차피 한 번 왔다가는 길 붙잡을 수 없다면	박수한번 검지를 앞으로 뻗은 후 검지를 좌우로 흔들어 준다.
소풍가듯	왼손 주먹을 쥐고 왼쪽으로 걷는 동작을 한다.
소풍가듯	오른손 주먹을 쥐고 오른쪽으로 걷는 동작을 한다.
웃으며 행복하게 살아야지	양손을 앞으로 뻗은 후 양손으로 큰 원을 그리며 반짝 반짝 한다.

 묻지 마세요 (김성환)

가 사	동 작
묻지마세요	오른손 뻗고 오른손을 좌우로 흔든다.
물어보지 마세요	왼손을 뻗고 왼손을 좌우로 흔든다.
내 나이를 묻지마세요	양손을 차례로 접고 양손을 흔든다.
흘러간 내청춘	양손을 앞으로 S자로 뻗은 후 양손 엄지를 흔든다.
잘 한 것도 없는데	양손으로 머리를 두드린 후 가슴을 두드린다.
요놈의 숫자가 따라오네요.	박수를 한번치고, 양손 손바닥을 앞으로 펴고 차례로 접고, 양손을 안으로 접고 편다.
여기까지 왔는데	양손을 뻗은 후 땅 밑으로 내린다.
앞만 보고 왔는데	양손을 펴고 앞으로 뻗는다.
지나간 세월에 서러운 눈물	오른손 왼손 차례로 뒤로 넘긴 후 양손 주먹을 쥐고 좌우로 흔든다.
서산 넘어가는 청춘	양손을 흔들며 오른쪽으로 이동한다.
너 가는 줄 몰랐구나	양손을 흔들며 왼쪽으로 이동한다.
세월아 가지를 말아라	양손을 밖에서 안으로 들어오며 양손을 잡는다.

봉 잡았네 (워크)

가 사	동 작
소금보다 귀한 것은	양손 엄지와 검지를 붙인 후 양손을 위로 올린다.
황금이라지	양손 주먹을 쥐고 돌려준다.
황금보다 귀한 것은	양손 주먹을 쥔 후 양손을 위로 올린다.
바로 지금이야	양손을 서로 마주보게 한 후 옆으로 뻗는다.
이 순간이 지나가면	양손 검지를 세우고 앞으로 흔든다.
버스는 이미 떠나요	양 어깨를 앞뒤로 돌린다.
보면 볼수록 알면 알수록	양손을 펴고 앞으로 뻗은 후 양손 검지를 머리에 댄다.
내 사랑이야	양손으로 큰 하트를 만든다.
봉 잡았네	오른손으로 쥐는 동작을 한다.
봉 잡았네	왼손으로 쥐는 동작을 한다.
너무나 특별한 당신	양손을 앞으로 뻗은 후 손을 반짝 반짝 한다.
봉 잡았네	오른손으로 쥐는 동작을 한다.
봉 잡았네	왼손으로 쥐는 동작을 한다.
사랑이 풍년이구나	양손으로 큰 하트를 만든다.

시계바늘 (신유)

가 사	동 작
사는게 뭐 별거 있더냐	양손 손가락을 차례로 접은 후 박수치고 앞으로 손을 뻗는다.
욕 안 먹고 살면 되는 거지	오른손 왼손을 차례로 입에 댄 후 손가락을 차례로 접는다.
술 한잔에 시름을 털고	오른손으로 술잔을 만들고 마시는 동작을 한다.
너털웃음 한번 웃어보자 세상아	양손으로 배를 두드리고, 양손을 펴고 앞으로 뻗은 후 큰 원을 만든다.
시계바늘처럼	고개를 오른쪽으로 돌린다.
돌고 돌다가	양어깨를 앞, 뒤로 돌린다.
가는 길을 잃은 사람아	허리를 돌린다.
미련 따윈 없는 거야	양손 가슴을 두드린 후 박수친다.
후회도 없는 거야	양손 검지로 머리엔 댄 후 박수친다.
아아아~~아아아아아아	오른손 손바닥, 왼손 손바닥을 동시에 가슴을 비빈다.
세상살이 뭐 다그런거지 뭐	양손 세손가락을 펴고, 다섯 손가락을 펴고, 양손을 뒤집어 편다.
전주곡	
돈이 좋아 여자가 좋아	양손 엄지와 검지를 붙인 후 양손 소지를 편다.
술이 좋아 친구가 좋아	술잔을 만들고 서로 부딪힌다.
싫~~다는 사람은 없어	팔짱을 끼고 어깨를 좌우로 흔들어 준다.
너도 한번 해보고	양손을 앞으로 뻗은 양손을 잡는다.
나도 한번 해본다	양손을 자신을 가리킨 후 양손을 잡는다.
시계바늘처럼	고개를 오른쪽으로 돌린다.
돌고 돌다가	양어깨를 앞, 뒤로 돌린다.
가는 길을 잃은 사람아	허리를 돌린다.
미련 따윈 없는거야	양손으로 가슴을 두드린다.
후회도 없는 거야	양손 검지로 머리를 두드린다.
아아아~~아아아아아아	양어깨를 좌우로 흔들고, 양어깨를 앞뒤로 흔든다.
세상살이 뭐 다그런거지 뭐	양손 세손가락을 펴고, 다섯 손가락을 펴고, 양손을 뒤집어 편다.

비램 (노사연)

가 사	동 작
내손에 잡은 것이 많아서	양손을 편 후 양손 주먹을 쥔다.
손이 아픕니다	양손을 편 후 양손을 흔든다.
등에 짊어진 삶의 무게가	양손을 가슴에 댄 후 좌우로 흔든다.
온몸을 아프게 하고	양손을 X자로 가슴에 댄 후 두드린다.
매일 해결해야 하는 일 땜에	오른손 왼손을 차례로 천천히 옆으로 뻗는다.
내시간도 없이 살다가	밖에서 안으로 들어와 양손을 잡는다.
평생 바쁘게 걸어 왔으니	오른손 왼손을 차례로 뻗은 후 걷는 동작을 한다.
다리도 아픕니다.	양손을 펴고 다리를 두드린다.
내가 힘들고 외로워 질 때	양손 주먹을 쥐고 왼쪽, 오른쪽 쳐다보며 흔든다.
내 얘길 조금만 들어준다면	양손 주먹을 쥐고 앞쪽을 쳐다보며 흔든다.
어느날 갑자기 세월의 한복판에	오른손 검지를 위로 올린 후 왼손 손바닥을 펴고 앞으로 뻗는다.
덩그러니 혼자 있진 않겠죠	왼손 손바닥에 주먹을 올려 놓는다.
큰 것도 아니고	양손으로 큰 원을 만든다.
아주 작은 한마디	밖에서 안쪽으로 들어 온 후 양손 검지를 편다.
지친 나를 안아 주면서	양손 X자로 가슴에 댄 후 고개를 숙인다.
사랑한다 정말 사랑하다는	양손을 위로 올린 후 주먹을 쥐고 손을 편다.
그 말을 해준다면	양손을 위로 올린 후 손을 흔들어 준다.
나는 사막을 걷는다 해도	양손을 왼쪽으로 천천히 뻗는다.
꽃길이라 생각할 겁니다.	양손을 오른쪽으로 천천히 뻗는다.
우리는 늙어가는 것이 아니라	양손 손바닥을 아래로 천천히 내린다.
조금씩 익어가는 겁니다.	양손 손바닥을 위로 천천히 올린다.
	전주곡
내가 힘들고 외로워 질 때	양손 주먹을 쥐고 왼쪽, 오른쪽 쳐다보며 흔든다.
내 얘길 조금만 들어준다면	양손 주먹을 쥐고 앞쪽을 쳐다보며 흔든다.

가 사	동 작
어느날 갑자기 세월에 한복판에	오른손 검지를 위로 올린 후 왼손 손바닥을 펴고 앞으로 뻗는다.
덩그러니 혼자 있진 않겠죠	왼손 손바닥에 주먹을 올려 놓는다.
큰 것도 아니고	양손으로 큰 원을 만든다.
아주 작은 한마디	밖에서 안쪽으로 들어 온 후 양손 검지를 편다.
지친 나를 안아 주면서	양손 X자로 가슴에 댄 후 고개를 숙인다.
사랑한다 정말 사랑하다는	양손을 위로 올린 후 주먹을 쥐고 손을 편다.
그 말을 해준다면	양손을 위로 올린 후 손을 흔들어 준다.
나는 사막을 걷는다 해도	양손을 왼쪽으로 천천히 뻗는다.
꽃길이라 생각할 겁니다.	양손을 오른쪽으로 천천히 뻗는다.
우리는 늙어가는 것이 아니라	양손 손바닥을 아래로 천천히 내린다.
조금씩 익어가는 겁니다.	양손 손바닥을 위로 천천히 올린다.
우리는 늙어가는 것이 아니라	양손 손바닥을 아래로 천천히 내린다.
조금씩 익어가는 겁니다	양손 손바닥을 위로 천천히 올린다.
저 높은 곳에 함께 가야 할 사람	양손을 위로 올린 후 양손을 잡는다.
그대 뿐입니다.	양손을 앞으로 뻗는다.

100세를 향하여 (슈지나)

가 사	동 작
이래도 한세상	왼손 손바닥을 뻗으며 검지를 편다.
저래도 한세상	오른손 손바닥을 뻗으며 검지를 편다.
우리가 살면	양손을 엇갈려 가슴에 댄다.
천년을 사나	양손 엄지를 편다.
무병장수 꿈꾸며	왼손 오른손을 번갈아 수영하는 동작을 한다.
100세를 향하여	양손 손가락 앞으로 뻗어 위로 올린다.
힘차게 힘차게 살아갑시다.	왼손 오른손 주먹을 쥐고 앞뒤로 돌려준다.
희망과 용기로	양손을 손바닥을 펴고 주먹을 쥔다.
믿음과 사랑을	양손 모으고(기도손) 하트를 만든다.
서로서로 간직하면서	양손을 앞으로 뻗고 난후 잡아주고 흔든다.
리듬에 맞춰 쿵짝짝	무릎 친 후 가슴을 두드린다.
박수를 치며 쿵짝짝	박수 친 후 가슴을 두드린다.
신나게 신나게 살아갑시다.	왼손 오른손 주먹을 쥐고 앞뒤로 돌려준다.
구구팔팔 팔팔팔	왼손가락 5개 펴고, 오른손가락 4개를 펴고, 양손가락 4개를 편다.
100세를 향하여	양손 손가락 앞으로 뻗어 위로 올린다.
우리 모두	양손을 엇갈려 가슴에 댄다.
100세를 향하여	양손 손가락 앞으로 뻗어 위로 올린다.
	후렴~~~~
좋아도 한세상	왼손 손바닥을 뻗으며 검지를 편다.
싫어도 한세상	오른손 손바닥을 뻗으며 검지를 편다.
어차피 사는건	양손을 머리에 댄다.
마찬가진데	양손을 머리에 대고 흔든다.
무병장수 꿈꾸며	왼손 오른손을 번갈아 수영하는 동작을 한다.
100세를 향하여	양손 손가락 앞으로 뻗어 위로 올린다.

가 사	동 작
힘차게 힘차게 살아갑시다.	왼손 오른손 주먹을 쥐고 앞뒤로 돌려준다.
희망과 용기로	양손을 손바닥을 펴고 주먹을 쥔다.
믿음과 사랑을	양손 모으고(기도손) 하트를 만든다.
서로서로 간직하면서	양손을 앞으로 뻗고 난후 잡아주고 흔든다.
리듬에 맞춰 쿵짝짝	무릎 치고 난후 가슴을 두드린다.
박수를 치며 쿵짝짝	박수 치고 난후 가슴을 두드린다.
신나게 신나게 살아갑시다.	왼손 오른손 주먹을 쥐고 앞뒤로 돌려준다.
구구팔팔 팔팔팔	왼손가락 5개 펴고, 오른손가락 4개를 펴고, 양손손가락 4개를 편다.
100세를 향하여	양손 손가락 앞으로 뻗어 위로 올린다.
우리모두	양손을 엇갈려 가슴에 댄다.
100세를 향하여	양손 손가락 앞으로 뻗어 위로 올린다.
우리모두	양손을 엇갈려 가슴에 댄다.
100세를 향하여	양손 손가락 앞으로 뻗어 위로 올린다.

부기부기 (이조아)

가 사	동 작
인생이란	양손 손가락을 차례로 접는다.
무엇인지	양손 검지를 머리에 댄다.
청춘은 즐거워	양손을 X자로 가슴에 댄 후 몸을 좌우로 흔들어 준다.
피었다가	양손을 위로 올린다.
시들으면	양손을 아래로 내린다.
다시 못 올	오른손을 쫙 펴고 앞으로 뻗는다.
내 청춘	왼손을 엄지를 펴고 앞으로 뻗는다.
마시고	오른손으로 잔을 들어 마시는 동작을 한다.
또마시고	왼손으로 잔을 들어 마시는 동작을 한다.
취하고 또 취해서	양손으로 박수를 엇갈려 친다.
이밤이	오른손 두 손가락을 편 후 앞으로 뻗는다.
새기전에	왼손 세 손가락을 편 후 앞으로 뻗는다.
춤을 춥시다	양손을 앞으로 뻗은 후 위아래로 흔든다.
부기부기 부기우기	양팔을 흔들어 준다.
부기부기 부기우기	양팔을 엇비켜 돌려준다.
기타부기*2	양손으로 배를 두드린다.
인생이란	양손을 차례로 접는다.
무엇인지	양손 검지를 머리에 댄다.
청춘은 즐거워	양손을 X자로 가슴에 댄 후 몸을 좌우로 흔들어 준다.
한번가면	양손 검지 펴고 앞으로 쭉 뻗는다.
다시 못올	양손을 쫙 편 후 앞으로 뻗는다.
허무한	양손 주먹을 쥔다.
내청춘	왼손을 엄지를 펴고 앞으로 뻗는다.
마시고	오른손으로 잔을 들어 올리는 동작을 한다.

가　사	동　작
또 마시어	왼손으로 잔을 들어 올리는 동작을 한다.
취하고 또 취해서	양손으로 박수를 엇갈려 친다.
이밤이	오른손 두 손가락을 편 후 앞으로 뻗는다.
새기전에	왼손 세 손가락을 편 후 앞으로 뻗는다.
춤을 춥시다.	양손을 흔들며 춤을 춘다.
부기부기 부기우기	양팔을 흔들어 준다.
부기부기 부기우기	양팔을 엇비켜 돌려준다.
기타부기*2	양손으로 배를 두드린다.

노래기락 차차차 (장민)

가 사	동 작
노세 노세	고개를 좌우로 흔들어 준다.
젊어서 놀아	고개를 앞으로 흔들어 준다.
늙어지면는 못 노나니	고개를 왼쪽 오른쪽으로 돌려준다.
화무는 십일 홍이요	오른손으로 왼쪽 팔을 위 아래 두드려 준다.
달도 차면 기우느니라	왼손으로 오른쪽 팔을 위 아래 두드려 준다.
얼씨구 절씨구	오른손으로 왼쪽 가슴을 두드린다.
차차차	박수를 친다.
지화자 좋구나	왼손으로 오른쪽 가슴을 두드린다.
차차차	박수를 친다.
화란춘성	양손으로 왼쪽 다리를 두드린다.
만화방창	양손으로 오른쪽 다리를 두드린다.
아니 노지는 못하리라	오른손은 오른다리, 왼손은 왼다리를 두드린다.
차차차 차차차	박수를 친다.
	후렴~~~~
가세 가세	고개를 좌우로 흔들어 준다.
산천경계로	고개를 앞으로 흔들어 준다.
늙기나 전에 구경가세	고개를 왼쪽 오른쪽으로 돌려준다.
인생은 일장의 춘몽	오른손으로 왼쪽 팔을 위 아래 두드려 준다.
둥글둥글 살아나가자	왼손으로 오른쪽 팔을 위 아래 두드려 준다.
얼씨구 절씨구	오른손으로 왼쪽 가슴을 두드린다.
차차차	박수를 친다.
지화자 좋구나	왼손으로 오른쪽 가슴을 두드린다.
차차차	박수를 친다.
춘풍화류	양손으로 왼쪽 다리를 두드린다.
호시절에	양손으로 오른쪽 다리를 두드린다.
아니 노지는 못하리라	오른손은 오른다리, 왼손은 왼다리를 두드린다.
차차차 차차차	박수를 친다.

꿈에 본 내고향 (나훈아)

가 사	동 작
고향이 그리워도 못가는 신세	오른손 위로 올린 후 오른손 주먹을 쥐고 흔들며 왼손은 가슴에 댄다.
저 하늘 저산아래 아득한 천리	오른손 위로 올린 후, 왼손 아래로 내린 후 오른손 위에서 왼손은 아래에서 가까이와 손을 흔든다.
언제나 외로워라 타향에서 우는 몸	양손을 밖에서 안으로 들어와 가슴에 대고, 양손을 밑으로 내리며 흔든다.
꿈에 본 내 고향이 마냥 그리워	양손으로 머리를 만진 후 양손 손끝을 붙이고 양손을 잡는다.
후렴~~~~	
고향을 떠나온지 몇몇해 던가	오른손 왼손 차례로 올린 후 양손 손가락을 차례로 접는다.
타관땅 돌고 돌아 헤매는 이 몸	양손을 옆으로 편 후 오른손 왼손 번갈아 아래로 내린다.
내 부모 내형제를 그 언제나 만나리	양손 엄지와 양손 검지를 세우고 서로 부딪힌다.
꿈에 본 내고향이 차마 못 잊어	양손으로 머리를 만진 후 양손 손끝을 붙이고 양손을 잡는다.

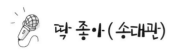 **딱 좋아 (송대관)**

가 사	동 작
사랑도 해봤다	양손을 왼쪽으로 뻗는다.
이별도 해봤다	왼손 가슴에 댄 후 오른손을 앞으로 뻗는다.
산전수전 다겪어 봤다	양손을 앞으로 뻗은 후 손바닥을 좌우로 흔든다.
눈물도 흘렸다	양손 검지를 눈에 댄 후 주먹을 쥐고 내린다.
원망도 해봤다	양손 주먹을 쥐고 밑에서 위로 올린다.
삶에 지쳐 쓰러져도 봤-다	양손 주먹 쥐고 가슴에 댄 후 좌우로 흔들어 준다.
이나이에 못할게 뭐가 있을까	양손을 차례로 접은 후 양손을 좌우로 뻗어준다.
더도 말고 덜도 말고 지금이 딱 좋아	양손을 아래, 위로 내렸다 편 후, 양손 손바닥을 보며 박수를 친다.
지난일은 생각말자	오른손을 위로 올린다.
후회를 말-자	왼손을 위로 올린다.
더도말고 덜도말고 지금이 딱좋아	양손을 아래, 위로 내렸다 편 후, 양손 손바닥을 보며 박수를 친다.
전주곡	
한때는 겁 없이	양손 검지를 편 후 주먹을 쥔다.
잘나가도 봤다	주먹을 쥐고 걷는 동작을 한다.
무서울게 없던 나 였다	양손을 앞으로 뻗은 후 좌우로 흔들어 준다.
실패를 해보고	양손으로 머리를 두드린다.
욕심도 버렸다	양손으로 배를 두드린다.
이제마음도 다 비워버렸다	양손X자로 가슴에 댄 후 양손을 밑으로 내린다.
이나이에 못할게 뭐가 있을까	양손을 차례로 접은 후 양쪽으로 뻗어준다.
더도말고 덜도말고 지금이 딱좋아	양손을 위로 올리고 내린 후, 양손 손바닥을 보게 한 후 박수를 치며 몸을 흔든다.
지난일은 생각말자	오른손을 위로 올린다.
후회를 말-자	왼손을 위로 올린다.
더도말고 덜도말고 지금이 딱좋아	양손을 위로 올리고 내린 후, 양손 손바닥을 보게 한 후 박수를 치며 몸을 흔든다.

가 사	동 작
이나이에 못할게 뭐가 있을까	양손을 차례로 접은 후 양쪽으로 뻗어준다.
더도말고 덜도말고 지금이 딱좋아	양손을 위로 올리고 내린 후, 양손 손바닥을 보게 한 후 박수를 치며 몸을 흔든다.
지난일은 생각말자	오른손을 위로 올린다.
후회를 말-자	왼손을 위로 올린다.
더도말고 덜도말고 지금이 딱좋아	양손을 위로 올리고 내린 후, 양손 손바닥을 보게 한 후 박수를 치며 몸을 흔든다.
더도말고 덜도말고 지금이 딱좋아	양손을 위로 올리고 내린 후, 양손 손바닥을 보게 한 후 박수를 치며 몸을 흔든다.

일소일소 일노일노 (신유)

가 사	동 작
세상사	양손을 옆으로 뻗는다.
스무고갯길	오른손 왼손 차례로 번갈아 위에서 아래로 내린다.
좋은날만 있을까	양손 엄지를 앞으로 뻗은 후 좌우로 흔들어 준다.
이왕이라면	박수 한번 친다.
웃으며살자	양손을 펴고 앞으로 뻗는다.
말처럼 쉽지 않아도	양손 검지를 입에 댄 후, 손을 펴고 앞으로 뒤로 흔든다.
일소일소 일노일노	양손을 펴고 가슴을 친 후, 양손 주먹을 쥐고 가슴을 친다.
얼굴마다 쓰여져	양손 검지로 얼굴을 두드린다.
감출수가 없는데	양손 손가락을 붙인 후 얼굴 좌우로 흔든다.
한치날을 모르는 것이 인생인것을	오른손 왼손 번갈아 검지를 펴고 올린 후, 좌우로 흔들어 준다.
그게 바로 인생인 것을	양손 검지로 큰 원을 만든다.
웃다가도 한세상이고	양손을 쫙 펴고 왼쪽으로 고개를 돌린 후 가운데 엄지를 편다.
울다가도 한세상인데	양손을 쫙 펴고 오른쪽으로 고개를 돌린 후 가운데 엄지를 편다.
욕심내봐야 소용없잖아	양손을 가슴X자로 댄 후 양손 가슴 밑으로 내린다.
가지고 갈 것 하나 없는데	양손 주먹을 쥔 후 양손 검지를 좌우로 흔든다.
	후렴~~~~
세상사 굽이굽이 길	양손을 옆으로 뻗은 후. 양손을 앞뒤로 S자로 뻗는다.
힘든날만 있을까	양손을 주먹을 쥐고 위아래 흔들어 준다.
마음하나를 내려놓는데	박수 한번 친다. 양손을 밑으로 내린다.
말처럼 쉽지 않아도	양손 검지를 입에 댄 후 손을 펴고 앞으로 뒤로 흔든다.
일소일소 일노일노	양손을 펴고 가슴을 친 후 양손 주먹을 쥐고 가슴을 친다.
얼굴마다 쓰여져	양손 검지로 얼굴을 두드린다.
감출수가 없는데	양손 손가락을 붙인 후 얼굴 좌우로 흔든다.
한치날을 모르는 것이 인생인것을	오른손 왼손 번갈아 검지를 펴고 올린 후 흔들어 준다.
그게 바로 인생인것을	양손 검지로 큰 원을 만든다.
웃다가도 한세상이고	양손을 쫙 펴고 왼쪽으로 고개를 돌린 후 가운데 엄지를 편다.
울다가도 한세상인데	양손을 쫙 펴고 오른쪽으로 고개를 돌린 후 가운데 엄지를 편다.
욕심내봐야 소용없잖아	양손을 가슴X자로 댄 후 양손 가슴 밑으로 내린다.
가지고 갈 것 하나 없는데	양손 주먹을 쥔 후 양손 검지를 좌우로 흔든다.

최고다 당신 (진상준)

가 사	동 작
당신이 최고랍니다.	양손을 앞으로 쭉 뻗은 후 손을 모은다.
남자는 남자는~요	오른손 주먹을 쥐고 다리를 흔든다.
너무나도	양손은 양옆으로 쭉 뻗는다.
바보랍니다.	오른손 검지를 머리에 대고 한 바퀴 돈다.
당신이 없으면	오른손으로 왼쪽손바닥을 친 후 왼손을 왼쪽으로 뻗는다.
당신이 없으면	왼손으로 오른쪽 손바닥을 친 후 오른손을 오른쪽으로 뻗는다.
아무것도 못한답니다	양손을 좌우로 흔든다.
좋아하냐고	양손으로 큰 원을 만든다.
물어보지 마세요	양손 검지를 입에서 앞뒤로 흔든다.
쑥스러워 말못합니다.	오른손, 왼손을 번갈아 얼굴에 댄다.
잘나고 못나고	양손 엄지를 세운 후 양손 엄지를 내린다.
있고 없고	양손을 쫙 편 후 주먹을 쥔다.
사랑하면 그만이지	양손 네 손가락을 편 후 좌우로 흔든다.
첫 번째도 당신	양손 검지를 편 후, 엄지와 검지로 총을 쏜다.
두 번째도 당신	양손 검지와 중지를 편 후, 총을 쏜다.
아~~아 나에게는	몸을 S자로 흔든 후 양손 엄지로 자신을 가리킨다.
당신 뿐이랍니다.	양손을 쭉 뻗은 후 엄지와 검지로 총을 쏜다.
	후렴~~~~
당신이 최고랍니다.	양손을 앞으로 쭉 뻗은 후 손을 모은다.
여자는 여자는~~요	오른손 소지를 펴고 다리를 흔든다.
너무나도	양손은 양옆으로 쭉 뻗는다.
바보랍니다.	오른손 검지를 머리에 되고 한 바퀴 돈다.
사랑한다고	양손으로 큰 하트를 만든다.
말 안해주면	양손 검지로 입에 댄 후 흔든다.

가 사	동 작
아무것도 모른답니다	양손 검지를 입에서 앞뒤로 흔든다.
좋아하냐고	양손으로 큰 원을 만든다.
물어보지 마세요	양손 손바닥을 입쪽에서 앞뒤로 움직인다.
부끄러워 말 못합니다.	오른손 검지와 왼손 검지를 얼굴에 댄다.
잘나고 못나고	양손 엄지를 편 후, 양손 엄지를 밑으로 내린다.
있고 없고	양손을 쫙 편 후 주먹을 쥔다.
중요하지 않아요	박수 한번 친다.
첫 번째도 당신	양손 검지를 편 후, 엄지와 검지로 총을 쏜다.
두 번째도 당신	양손 검지와 중지를 편 후, 총을 쏜다.
아~아 나에게는	몸을 S자로 흔든 후 양손 엄지로 자신을 가리킨다.
당신이 최고랍니다	양손을 앞으로 쭉 뻗은 후 손을 모은다.

6 파트너 게임

파트너와 자연스러운 분위기를 만들어 서로 인사를 나누고, 친하게 해줌과 동시에 재미있는 벌칙을 통해서 즐거운 웃음을 만들어 낸다. 파트너 게임은 팀 게임을 진행하는데 준비단계이기도 하다.

1) 파트너 게임 기본 흐름도

① 처음에 인사를 나눈다.

② 음률과 규칙에 맞게 노래를 부른다.

③ 가위·바위·보를 한다.

④ 벌칙을 넣어 진행한다.

⑤ 단계별로 늘려간다.

2) 파트너 게임의 원칙

① 의미있는 명령어를 활용하자.

② 진행을 재미있게 진행한다.

③ 다양한 벌칙을 만들어 낸다.

④ 하나의 소리로 만들어 낸다.

3) 가위 바위 보의 유래

▶ 가위바위보는 가장 단순하면서도 누구나 즐길 수 있는 놀이이다.

▶ 한국 가위바위보 협회 홈페이지에 가위바위보의 유래가 나와 있어 소개한다.

(1) 가위바위보의 유래 : 중국

① 가장 유력한 가위바위보 게임의 학설은 5세기 무렵 중국이라고 한다.

② 종이와 가위가 일반인에게 보편화 된 시점이 바로 5세기라고 한다.

③ 17세기 프랑스를 통해 유럽에 전파되었고, 18세기에는 미국에 전파되었다.

(2) 가위바위보의 유래 : 인도

① 가위는 쥐, 바위는 호랑이, 보는 코끼리를 의미한다고 한다.

② 전래동화 속의 쥐는 코끼리를 이길 수 있다. 코끼리는 호랑이를 이기지요.

(3) 가위바위보의 유래 : 일본

① 가위바위보에 관한 가장 오래된 기록은 기원전 200년 일본이라고 한다.

② 일본의 이 놀이가 일본과 무역을 하던 나라들에 의해 퍼져나갔다고 한다.
이것이 변화되어 가위바위보가 되었다고 한다.

4) 국가별 가위 바위 보 표현 방법

▶ 한　　　국 : 가위 바위 보

▶ 중　　　국 : 젠다오 쓰터우 부

▶ 일　　　본 : 잔 켄 보

▶ 필　리　핀 : 착 앤 포이 (Jack and Poi)

▶ 인도네시아 : 군띵 바투 카인

▶ 베　트　남 : Hammer Nail Paper

▶ 미　　　국 : Rock Paper Scissor 또는 Ro Sham Bo (남부지역)

▶ 영　　　국 : Stone Paper Scissor (바위 보(종이) 가위 순)

▶ 프　랑　스 : Stone Scissor Well

5) 변형 가위·바위·보

(1) 한손으로 하는 가위·바위·보

① 가위 : 오른손 검지 장지를 세워 가위를 만들어 내민다(찌).

② 바위 : 주먹을 쥐어 내민다(묵).

③ 보 : 손을 펴낸다(빠).

(2) 손가락 가위·바위·보

① 가위 : 오른손 검지를 편다.

② 바위 : 오른손 엄지를 편다.

③ 보 : 오른손 새끼손가락을 편다.

(3) 팔로 하는 가위·바위·보

① 가위 : 양팔을 하늘위로 쭉 뻗어 올린다.

② 바위 : 양팔을 가슴에서 X로 모아준다.

③ 보 : 양팔을 옆으로 쫙 편다.

(4) 입으로 하는 가위·바위·보

① 가위 : 혀를 쭉 내민다.

② 바위 : 입을 굳게 다문다.

③ 보 : 입을 크게 쫙 벌린다.

(5) 코로 하는 가위·바위·보

① 가위 : 오른손 검지로 코를 '쿡' 눌러준다.

② 바위 : 오른손 검지 손가락을 코에 대고 옆으로 밀어준다.

③ 보 : 오른손 검지로 코를 들어 올려서 돼지코를 만든다.

(6) 발로 하는 가위·바위·보

① 가위 : 양발을 모은다.

② 바위 : 양발을 붙인다.

③ 보 : 양발을 앞뒤로 벌린다.

(7) 사냥꾼 가위·바위·보

① 가위 : 양손 검지를 세워 "탕"하며 총 쏘는 모습을 한다.

② 바위 : 양손으로 턱을 쓰다듬으며 "에헴"한다.

③ 보 : 양손 치켜 올려 무섭게 "어흥"한다.

(8) 소림사 가위·바위·보

① 가위 : 오른손목을 앞을 향해 구부려 세우고, 왼손은 팔꿈치에 댄다.

② 바위 : 왼손바닥에 오른손 주먹을 대고 허리를 구부리며 인사한다.

③ 보 : 양손 쫙 편다.

(9) 제식훈련 가위·바위·보

① 가위 : 앞으로 나란히

② 바위 : 차렷 자세

③ 보 : 열중쉬어

(10) 더하기 가위·바위·보

상대방과 가위, 바위 보를 하여 나와 상대의 수를 합한 숫자를 먼저 말하는 사람이 이긴다.

① 가위 : 5점

② 바위 : 1점

③ 보 : 10점

(11) 암산 가위·바위·보

자신의 양손과 파트너의 양손을 합한 수를 먼저 말하는 사람이 이긴다.

① 가위 : 5점

② 바위 : 1점

③ 보 : 10점

★ 파트너 게임 벌칙

① 머리 : 이긴 사람이 진 사람에게 머리를 예쁘게 고무줄로 묶어 준다.

② 귀 : 이긴 사람이 진 사람의 귀를 잡고 자전거 타기(따르릉 따르릉 비켜나세요).

③ 목 : 이긴 사람은 두 손을 깍지 껴서 진사람 목에 걸고 멀리 못 가게 한다.

　　　진 사람은 이긴 사람의 옆구리를 간지럼 태운다.

④ 배꼽 : 배꼽을 누르면 "I LOVE"라고 큰 소리로 말하기

⑤ 무릎 : 이긴 사람은 송충이, 진 사람은 나무가 된다.

　　　　나무는 움직이지 못하고 송충이는 나무 위를 자유롭게 기어 다닐 수가 있다.

⑥ 파트너 게임에 연장할 때 사용되는 벌칙은 진사람 얼굴에 스티커를 붙이면서 진행하면 된다.

6) 파트너 게임 실전게임

(1) 반드시 이기자!

 하면 된다. 해봅시다. 할 수 있다. 당연하지 가위·바위·보

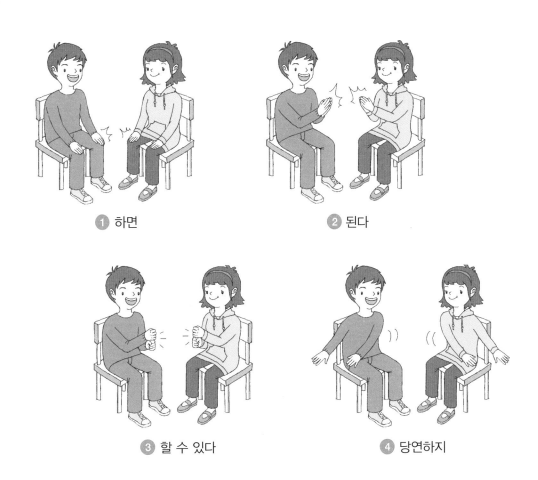

① 하면

② 된다

③ 할 수 있다

④ 당연하지

(2) 사이다.

우리 모두 사이좋게 기분 좋게 가위·가위·보

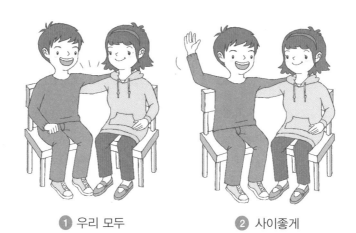

① 우리 모두   ② 사이좋게

③ 기분좋게

(3) 짜장·짬뽕

① 진행자가 짜장하면 맨 위에 있는 손이 아래로 내려간다.

② 진행자가 짬뽕하면 맨 아래에 있는 손을 위로 올린다.

③ 이와 같은 방법으로 서로 섞어서 여러번 반복시켜 속도를 빠르고 느리게
   진행해 나간다.

(4) 콩떡, 팥떡

① 서로 마주보고 양 손바닥을 펴서 상대의 손바닥에 붙여 서로의 얼굴을 가린다.

② 진행자가 떡떡떡, 떡떡떡 호떡은 서로 얼굴을 보고, 팥떡은 다른 곳을 쳐다본다.

③ 진행자가 이와 같은 방법으로 진행한다.

(5) 좋은 사람

① 좋은 사람은 한 번 보면 반갑고, 두 번 보면 정든다.

② 좋은 사람, 이쁜 사람, 누굴까 누굴까 가위·바위·보

1 좋은 사람은

2 한 번 보면 반갑고

3 두 번 보면 정든다

(6) 수리수리 마수리

 손뼉 반짝, 손뼉 반짝, 머리, 어깨, 허리 샷, 가위·바위·보

손뼉 반짝!　　　　　　　손뼉 반짝!

머리, 어깨, 허리, 샷

(7) 잘난 사람

① 잘난 사람, 못난 사람 어떻게 구별할까?

② 이기면 잘났고, 못 이기면 못났다. 가위·바위·보

(8) 고양이와 강아지

① 고양이와 강아지는 한동네 살았대요.

② 고양이는 야옹 야옹, 강아지는 멍멍

③ 누가, 누가, 더, 더 목소리가 클까, 목소리가 클까?

④ 가위·바위·보(이긴 사람이 나라고 외친다)

7 팀 게임

신뢰를 바탕으로 팀원들의 생각을 하나로 만들어 공동체 의식을 심어줌으로써 협동심과 결속력을 강화시켜 준다.

1) 팀 게임의 기본 흐름도

① 수평으로 하는 게임

② 수직으로 하는 게임

③ 원으로 하는 게임

2) 팀 구호 및 노래의 목적

① 팀의 목적을 이루기 위하여 팀 구호나 노래를 만들어 단합시킨다.

② 팀에 대한 헌신적이고 적극적인 참여의식을 고취시킨다.

③ 팀원 개인의 역할 속에 협력을 다짐한다.

④ 팀 구호로 자신감을 높인다.

3) 팀 나누기 방법

① 팀 나누기 : 능력별, 직급별, 남녀별, 조별 인원에 맞게 나누어 진행한다.

② 팀 구성 : 팀명, 팀장, 총무, 팀원을 선출한다.

③ 팀 과제 완수 : 깃발, 구호, 노래를 정해 팀을 상징할 수 있게 한다.

④ 팀원 발표 : 발표를 위한(준비, 연습)시간을 충분히 주어 발표한다.

⑤ 팀 대형 : 수직, 수평, 원으로 나누어 진행한다.

4) 팀 게임 실전게임

(1) 반갑습니다.

① 행복해서 좋아 좋아(8), 사랑해서 좋아 좋아(8)

② 너도 좋고(4), 나도 좋고(4), 으샤(2), 으샤(2)

③ 살(1)맛(1)나(박수)~야

(2) 100세 건강

① 나이든다 포기말고(8), 용기내어 살아보세(8)

② 혼자라고(4), 슬퍼말고(4), 행복(2), 하게(2)

③ 즐(1)기(1)세(박수)~야!

(3) 덩더쿵 덩더쿵

① 덩더쿵 덩더쿵, 덩더쿵 덩더쿵 덩더쿵

② 행복으로 살고, 사랑으로 살자

③ 얼씨구 좋다, 절씨구 좋다

④ 이해하며 살고, 용서하며 살자

⑤ 살맛난다 살맛나, 살맛난다 살맛나

(4) 골라 골라? 골라 골라?~쪽을 골라?

① 행복하게 삽시다*2

② 사랑하며 삽시다*2

③ 웃어가며 삽시다*2

④ 건강하게 삽시다*2

(5) 턴! 스톱!

① 10k 살살 손바닥으로 등을 두드린다.

② 30k 조금 세게 등을 두드린다.

③ 50k 조금 더 세게 등을 두드린다.

④ 80k 아주 세게 등을 두드린다.

⑤ 100k 세~~~~게 등을 두드린다.

⑥ 진행자가 "턴"이라고 외치면 방향을 바꾼다.

⑦ 진행자가 "스톱"하면 자기이름을 외치며 일어난다.

(6) 딩동댕!

① 딩 팀 : 딩딩딩 딩딩딩 딩딩딩 딩딩, ~~~~

② 동 팀 : 동동동 동동동 동동동 동동, ~~~~

③ 댕 팀 : 댕댕댕 댕댕댕 댕댕댕 댕댕, ~~~~

(7) 누가 이길까

① 한다면 하고 끝까지 한다.

② 배우면 되고 해보면 된다(양손을 위로 올린다).

③ 즐기면 좋고 재밌으면 좋다.

④ 나부터 하고 너도 같이 하자.

(8) 기분이 좋구나

① 따라하면 다 되고, 반복하면 잘되고, 연습하면 꼭되고
되네 되네 다 되네, 좋다 좋다 다좋다~~~

② 신이나면 박수를, 흥겨우면 함성을, 살맛나면 노래를
하네 하네 다하네, 좋다 좋다 다좋다~~~

③ 남자들은 힘있고, 여자들은 이쁘고, 아이들은 귀엽고
자꾸 보면 정드네, 좋다 좋다 다좋다~~~

④ 너를 보면 행복해, 나를 보면 즐거워, 서로 보면 정들어
웃음으로 인사해, 좋다 좋다 다 좋다~~~

(9) 동물들의 함성!

① 돼지는 꿀꿀 ~나왔다. 오리는 꽥꽥 ~나와라!

② 오리는 꽥꽥 ~나왔다. 강아지는 멍멍 ~나와라!

③ 강아지는 멍멍 ~나왔다. 참새는 짹짹 ~나와라!

④ 참새는 짹짹 ~나왔다. 돼지는 꿀꿀 ~나와라!

(10) 원투쓰리포

 원(박수)*(일, 이, 삼, 사, 오)

8 아이스 브레이킹(Ice-breaking)

아이스 브레이킹 목적은 어르신들의 서로 어색하고 서먹한 관계를 풀어 주어 친밀도를 높임으로 프로그램에 적극적으로 참여하게 하는데 있다.

1) 아이스 브레이킹

① 마음을 열어 프로그램에 적극적이고 자발적으로 참여하게 한다.

② 주어진 목표를 향해 서로에 대한 신뢰와 책임의식을 갖게 한다.

③ 나와 너의 생각이 하나가 되어 우리라는 공동체를 만들게 한다.

④ 공동의 목적과 성취목표를 달성하기 위해 팀을 만들어 진행한다.

2) 아이스 브레이킹 기대효과

① **협동심** : 서로 상대방을 존중하며 구성원들 간에 응집력과 상호신뢰를 얻을 수 있다.

② **소속감** : 참가자들은 아이스 브레이킹을 통해서 서로를 받아들이고 소속감을 얻는다.

③ **즐거움** : 같이 마음을 열고 참여함으로서 사람과 사람사이에 즐거움을 얻는다.

④ **참여의식** : 상대방을 알게 되어 모든 행사나 교육에 모든 사람들이 참여하게 된다.

3) 아이스 브레이킹 실전게임

(1) 존경합니다.

① 둘씩 서로 마주보게 한다.

② 가위, 바위, 보를 하게 한다.

③ 가위, 바위, 보를 해서 진 사람은 10cm씩 앉는다.

④ 진 사람은 이긴 사람에게 "존경합니다"라고 말한다.

⑤ 이긴 사람은 진 사람을 향해 앞으로 "잘해라" 격려해 주며 일으킨다.

(2) 도와줘요.

① 둘씩 서로 마주보게 한다.

② 가위, 바위, 보를 한다.

③ 참가자들은 가위, 바위, 보를 해서 진 사람은 다리를 10cm씩 계속 벌려간다.

④ 진 사람은 10cm씩 벌려 더 이상 벌릴 수 없을 때 이긴 사람에게 도와 달라고 한다.

⑤ 이긴 사람은 진사람 손을 잡아주며 내가 도와주지! 하고 웃으며 일으켜 준다.

(3) 잘났어 정말!

① 참가자들을 둘씩 서로 마주보게 한다.

② 참가자들에게 서로 가위, 바위, 보를 하게 한다.

③ 참가자들은 가위, 바위, 보를 해서 진 사람은 이긴 사람을 향해 칭찬한다.

　　(예 : 얼굴이 잘생겼어요, 헤어스타일이 멋져요, 안경테가 멋있어요.)

④ 이긴 사람은 칭찬을 받아도 당연하지! 하고 대답한다.

(4) 진·진·가

① 참가자는 서로 얼굴이 보이도록 둥글게 앉는다.

② 참가자들은 자신과 관련된 진짜 사실 2가지와 가짜 정보를 1가지 적는다.

③ 한사람씩 일어나 자신의 이름을 간단히 소개하고 적어놓은 3가지를 말한다.

④ 3가지 정보 중 그 사람에 대한 가짜 정보가 무엇인지 찾아낸다.

⑤ 이런 방법으로 다른 사람들에 관계된 정보를 알 수 있다.

(5) 스티커 붙이기

① 참가자들을 둘씩 서로 마주보게 한다.

② 참가자들에게 서로 가위, 바위, 보를 하게 한다.

③ 참가자들은 가위, 바위, 보를 해서 이긴 사람은 자기 이름을 말하고 진사람 얼굴에
   스티커를 붙인다.

④ 이와 같은 방법으로 스티커를 통해 많은 사람을 만나며 이름을 알려준다.

(6) 순서대로

① 신호에 따라 팀장은 조원들을 한 줄로 세운다.

② 진행자가 "키 순서대로 서세요"라고 말하면 팀장은 조원들을 한 줄로 세운다.

③ 한 줄로 세울 때는 작은 순서에서 큰 순서대로 세운다.

④ 진행자는 가장 빨리 세우거나, 비교해서 이기는 팀이 승리한다.

Tip : 손 크기, 생일 순서, 신발크기, 이름 철자순...

키순서

(7) 끼리 끼리

① 진행자는 참가자들의 공통점을 찾아 준다.

② 진행자는 혈액형별로 모이게 한다(A형, B형, O형, AB형).

③ 혈액형 A형은 A형인 참가자들끼리 모이고, B형은 B형인 참가자들끼리 모인다.
   O형, AB형도 같은 방법으로 모인다.

④ 이와 같은 방법으로 고향이 같은 사람, 생일이 같은 사람, 성이 같은 사람 등 공통점이
   있는 사람끼리 모인다.

(8) 속담 맞추기

① 각 팀 대표자 한명씩을 불러낸다.

② 진행자가 제시하는 속담을 보고 자신의 팀에게 행동으로 표현한다.

③ 그 행동을 보고 빠른 시간 내에 맞추도록 한다.

④ 한 팀씩 돌아가면서 순차적으로 하게 한 후 시간을 재어 가장 빨리 맞춘 팀에게
   점수를 준다.

(9) 눈금만큼

① 각 조의 대표를 선출한다.

② 각 조의 대표는 눈가리개로 눈을 가리고 컵에 있는 물을 마신다.

③ 진행자는 컵에다 눈금을 표시해 둔다.

④ 가장 가깝게 마신 사람이 이기는 게임이다.

(10) 노래 맞추기

① 진행자는 대표 4명을 뽑아 노래를 허밍으로 부르게 한다.

② 각 조원들은 허밍을 듣고 노래 제목을 맞춘다.

③ 노래의 제목을 맞추게 되면 점수를 주고, 틀릴 경우 상대팀에게 기회가 넘어간다.

(11) 절대음감 - 아 행복하다

① 아~행복하다를 한음씩 강세를 준다.

② 팀별로 나누어서 하게 한다.

③ 위와 같은 방법으로 상황에 맞게 진행할 수 있다.

(12) 기억력 테스트

① 각 팀 대표자 한명씩을 불러낸다.

② 여러 가지 물건을 놓아두고 한번 보게 한다.

③ 진행자는 보자기로 덮는다.

④ 보자기 속의 물건을 가장 많이 기억해 낸 팀에게 점수를 준다.

(13) 귓속말 전보

① 진행자는 각 조원들을 1열 종대로 서게 한다.

② 진행자는 메모지에 문장을 미리 적어 둔다.

③ 메모지에 적힌 문장을 맨 앞사람에게 보여준다.

④ 신호에 따라 1번은 2번에게, 2번은 3번에게, 3번은 4번에게..

⑤ 맨 뒤에 있는 조원은 전달 받은 내용을 진행자에게 말한다.

⑥ 문장의 내용이 정확한 조가 이기는 게임이다.

(14) 망치놀이

① 망치 한개 들고 뚝딱뚝딱(한 팔을 구부렸다 폈다 한다)

② 망치 두개 들고 뚝딱뚝딱(양 팔을 구부렸다 폈다 한다)

③ 망치 세개 들고 뚝딱뚝딱(양 팔을 구부리고 한 다리를 바닥에 구른다)

④ 망치 네개 들고 뚝딱뚝딱(양 팔을 구부리고 양 다리를 바닥에 구른다)

⑤ 망치 다섯개 들고 뚝딱뚝딱(양팔을 구부리고 양 다리를 바닥에 구르며 머리를 흔든다)

⑥ 망치 여섯개 들고 뚝딱뚝딱(남자만 일어나서 뛴다)

⑦ 망치 일곱개 들고 뚝딱뚝딱(여자만 일어나서 뛴다)

(15) 판도라의 상자

① 상자 속에 한 가지의 물건을 넣어둔다.

② 각 팀 대표자 한명씩을 불러낸다.

③ 이 물건을 어디에 쓸 것인지 상상하여 말하게 한다.

④ 물건을 확인시킨 후 가장 적절한 답을 한 팀에 점수를 준다.

(16) 이구동성

① 참가자들 중에 4명을 뽑는다.

② 참가자 4명에게 단어를 한사람씩 보여 주고 자기가 맡은 단어를 진행자 신호에 따라 동시에 말하게 한다.

③ "살신성인"이란 단어를 1번:살, 2번:신, 3번:성, 4번:인을 동시에 말한다.

④ 이 소리를 듣고 각 팀은 살신성인이란 단어를 맞추게 되면 점수를 얻게 되는 것이다.

(17) 빙고게임

① 참가자에게 가로5칸, 세로5칸의 네모칸을 그리도록 한다.

② 네모칸에 1~25까지의 숫자를 순서 없이 쓰도록 한다.

③ 진행자가 1~25중에 부르는 숫자를 참가자들은 하나씩 지워간다.

④ 가로, 세로, 혹은 5칸이 모두 지워지면 승리하는 게임이다.

⑤ 진행자는 1줄 빙고, 2줄 빙고, 3줄 빙고, 4줄 빙고, 5줄 빙고에 해당되는 참가자에게
   선물을 준다.

홍길동	이택근	이숙영	김진혁	유환희
김동희	김철수	이현우	구경자	김거출
유채림	신보혜	김진철	정신호	이문세
김지환	김기홍	송만규	이종원	안철수
송혜교	탁재훈	김만정	최수종	백주하

(18) 이거리 저거리 각거리 (의자 없는 환경)

① 둘씩 바닥에 마주앉아 다리를 번갈아 끼운다.

② "이거리 저거리 각거리 천두만두 두만두

   짝바리 세형제 도리매 장군 족집게

   요리조리 네가 갈까 내가 갈까 쏙!"이라고 둘이서 함께 말하며

   한 사람이 다리를 차례대로 두드린다.

③ "쏙"이라는 말에 해당되는 다리는 빠진다.

④ 마지막에 남은 다리의 주인이 벌칙을 받는다.

9 공동체 게임

개개인이 아닌 큰 집단으로 공동체 의식을 가지고 모두가 참여하여 협동하면서 자연스럽게 실시하는 게임으로 단결력과 책임감을 갖고 전체가 참여하는 실버 레크리에이션이다.

1) 공동체 게임의 의의

① 어르신들 전원에게 참여기회를 부여하는 능동적인 게임으로 자발적이고 재밌게 참여할 수 있도록 구성한 게임이다.

② 게임을 통해서 경쟁적인 요소가 아닌 협동적으로 활력있게 유도한다.

③ 자발적인 참여의식을 고취시키고 상호존중, 상호신뢰에 바탕을 둔 경쟁과 협동으로 긍정적인 팀워크를 강화시킬 수 있다.

④ 팀의 숫자에 따라 나눌 수 있으며, 주로 양 팀으로 나누어 진행한다.

2) 게임 안전사고에 유의

① 격렬한 몸동작을 자제시킨다.

② 몸을 부딪치는 게임은 주의를 주어야 한다.

③ 몸이 약한 사람이나 노약자 등을 미리 파악하여 진행한다.

④ 돌멩이, 웅덩이, 유리조각, 모서리, 기둥을 사전에 파악하고 진행한다.

3) 공동체 게임 실전게임

(1) 가위·바위·보 릴레이

▶ 준비물 : 바톤

▶ 인　원 : 무제한

▶ 대　형 : 조　대형

① 각조는 한 줄로 줄을 선 후 상대팀과 서로 마주보게 한다.

② 각조의 맨 앞사람은 바톤을 들고 있다가 가위·바위·보를 하게 한다.

③ 이긴 사람은 바톤을 들고 있고, 진 사람은 바톤을 자기 조 옆 사람에 옮긴다.

④ 마지막 조원까지 바톤이 전달되면 릴레이 경기는 끝난다.

(2) 지남철 릴레이

▶ 준비물 : 없음

▶ 인　원 : 각 팀별 10명

▶ 대　형 : 조 대형

 ① 각 팀원들을 한 줄로 세운다.

② 신호에 따라 첫 주자가 출발하여 반환점을 돌아온다.

③ 첫 주자가 반환점을 돌아오면 두 번째 주자의 손을 함께 잡고, 반환점을 돌아온다.

④ 첫 주자부터 시작하여 열 명의 마지막 주자까지 모두 손을 잡고 반환점을 돌아오는
게임이다.

(3) 무언의 가위·바위·보

▶ 준비물 : 없음

▶ 인　원 : 무제한

▶ 대　형 : 조 대형

① 각조는 서로 손을 잡고 한 줄로 서서 상대팀과 서로 마주보게 한다.

② 조장과 조원들 서로 손을 잡게 하고 조장이 조원들에게 신호를 보낸다.

③ 조장이 조원들의 손을 한번 누르면 주먹, 두 번 누르면 가위, 세 번 누르면 보가 된다.

④ 조장이 신호를 보내면 마지막에 있는 조원은 각조에 준비한 구호를 외치게 한다(아자!).

⑤ 각 조원들은 오른손을 올리고 진행자의 신호에 따라 동시에 가위·바위·보를 낸다.

(4) 팀별 가위·바위·보

▶ 준비물 : 없음

▶ 인　원 : 무제한

▶ 대　형 : 조 대형

① 각조는 1줄로 줄을 서게 한다.

② 각조의 조장은 자기조가 아닌 다른 조 앞에 선다.

　1조 조장은 2조 앞에, 2조 조장은 3조 앞에 3조 조장은 1조 앞에 이와 같은 방법으로

　조장은 다른 조 앞에 서게 한다.

③ 조장과 조원은 간격은 3~5m 정도 거리를 두게 한다.

④ 각 조원들은 다른 조장에 앞에 달려가 가위·바위·보를 한다.

⑤ 진 사람은 자기 뒤에 있는 조원에게 달려가 손을 터치하고 다시 달려와 앞에 있는 상

　대 조장과 가위·바위·보를 한다.

⑥ 이길 경우 자기 조 맨 뒤에 서 있고, 자기 뒤에 있는 사람은 이와 같은 방법으로 계속

　진행된다.

⑦ 각 조에 마지막 사람까지 진행되면 게임은 끝난다.

(5) 가위·바위·보 야구

▶ 준비물 : 없음

▶ 인　원 : 각 팀별 9명

▶ 대　형 : 조 대형

① 각 조는 가위·바위·보를 하여 공격과 수비 두 팀으로 나눈다.

② 공격 팀 주자의 번호를 정하고, 수비는 수비 위치에 세운다. 단 포수는 없다.

③ 공격 팀 주자와 수비 팀 투수와 가위·바위·보를 한다.

④ 공격 팀이 이기면 진루 할 수 있고, 투수가 이기면 아웃이 된다.

⑤ 주먹은 3루, 가위는 2루, 보는 1루로, 비기면 스트라이크로 정해 놓는다.

(6) 풍선 불어 터트리기

▶ 준비물 : 풍선

▶ 인　원 : 각 팀

▶ 대　형 : 자유형

① 진행자는 풍선을 나눠준다.

② 진행자의 신호에 따라 참가자는 풍선을 불어 터트린다.

③ 풍선을 빨리 터트리면 이기는 게임이다.

(7) 젓가락 줄다리기

▶ 준비물 : 젓가락, 명함

▶ 인　원 : 각 팀

▶ 대　형 : 자유형

 ① 진행자는 각 팀의 대표 한 사람을 선출하여 젓가락을 나눠준다.

② 각 팀의 대표는 젓가락으로 명함을 잡는다.

③ 진행자의 신호에 따라 명함을 잡아당긴다.

④ 명함을 뺏어 오는 팀이 이기는 게임이다.

(8) 주사위 야구

▶ 준비물 : 주사위

▶ 인　원 : 각 팀별 9명

▶ 대　형 : 조 대형

① 각 조는 가위·바위·보를 하여 공격과 수비 두 팀으로 나눈다.

② 공격팀은 수비 투수와 가위·바위·보를 하여 질 경우 아웃이 되고, 이기면 주사위를 던질 수 있다.

③ 주사위를 던져 주사위 눈의 숫자에 따라 정해 놓는다.

④ 일은 : 1루, 이는 : 2루, 삼은 : 3루, 사는 : 홈런, 오는 :병살, 육은 : 포볼

⑤ 삼진이 되면 공격과 수비가 바뀌게 된다.

(9) 주사위 숫자 맞추기

▶ 준비물 : 주사위

▶ 인　원 : 각 팀

▶ 대　형 : 자유형

① 진행자는 주사위를 준비한다.

② 각 팀의 참가자들은 진행자가 던지기 전에 주사위 숫자를 적어 낸다.

③ 진행자가 주사위를 던졌을 때 숫자를 맞추는 팀이 이긴다.

(10) 과자 떼먹기

▶ 준비물 : 과자, 실 끈

▶ 인 원 : 각 팀

▶ 대 형 : 자유형

 ① 과자를 실로 묶은 다음 끈에 여러 개를 매단다.

② 진행자의 신호에 따라 빨리 뛰어가 과자를 따먹고 돌아온다.

③ 끝까지 반환점을 돌아오면 이기는 게임이다.

(11) 윷놀이 야구

▶ 준비물 : 윷, 야구판

▶ 인   원 : 각 팀별 9명

▶ 대   형 : 조 대형

① 각 조는 가위·바위·보를 하여 공격과 수비 두 팀으로 나눈다.

② 공격팀은 수비 투수와 가위·바위·보를 하여 질 경우 아웃이 되고, 이기면 윷을 던질 수 있다.

③ 윷을 던져 윷의 숫자에 따라 정해 놓는다.

④ 도는 : 1루, 개는 : 2루, 걸은 : 아웃 , 윷은 : 3루, 모는 : 홈런, 빽도 : 포볼

⑤ 삼진이 되면 공격과 수비가 바뀌게 된다.

(12) 신발 찾아 릴레이

▶ 준비물 : 신발

▶ 인　원 : 각 팀

▶ 대　형 : 자유형

① 큰 원을 그리고 원안에 참가자들의 신발을 한 짝씩 벗어 놓게 한다.

② 신호에 따라 한명씩 원안에 있는 자기 신발 한 짝을 찾아 신고 와서 다른 사람과
　 터치한다.

③ 빨리 자기 신발을 찾아 신으면 이기는 경기이다.

(13) 가위·바위·보 미식축구

▶ 준비물 : 없음

▶ 인　원 : 각 팀별 10명

▶ 대　형 : 조 대형

① 두 개 팀으로 나눈다.

② 중앙에 선을 긋고, 양 팀은 5m 떨어져 서 있는다.

③ 두 팀은 서로 가위·바위·보를 하여 이기면 한발 앞으로 나가고, 진 사람은 그 자리에 멈춘다.

④ 중앙선에 도착한 인원이 많으면 이기는 경기이다.

⑤ 중앙선에 중심으로 양쪽 팀에 선을 그려 놓고 선을 따라 움직이면 더욱 정확하다.

(14) 신문지 반환점 돌기

▶ 준비물 : 신문지, 풍선

▶ 인　원 : 각 팀

▶ 대　형 : 2인 1조

① 각 팀에게 신문지와 풍선을 나눠 준다.

② 각 팀은 2인 1조가 되어 신문지에 풍선을 올려놓는다.

③ 신문지 위에 풍선을 올려놓고 신속하게 반환점을 돌아온다.

(15) 풍선 뒤로 전달하기

▶ 준비물 : 풍선

▶ 인　원 : 각 팀

▶ 대　형 : 2열 종대

① 각 팀을 2열종대로 서게 한다.

② 풍선을 불어 뒤로 전달하여 앞으로 빨리 풍선을 보낸다.

③ 가장 빨리 풍선을 뒤로 전달하여 앞으로 오면 이기는 게임이다.

(16) 동물농장

- ▶ 준비물 : 스티커
- ▶ 인   원 : 10명 이상
- ▶ 대   형 : 자유형

① 진행자는 참가자들에게 동물의 이름이 써 있는 종이를 나눠 준다.

② 진행자는 동물의 이름을 여러 장 적어서 같은 동물이 한 팀이 되게 한다.

　(개, 고양이, 돼지, 원숭이 등)

③ 참가자들은 말을 하지 않고 동물 흉내만 낼 수 있다.

④ 진행자는 불을 끄고 시작 신호를 주면 참가자들은 동물 소리를 내어 같은 동물을
　찾아간다.

⑤ 불이 켜지면 모든 사람은 자리에 앉고 가장 많이 모인 조가 이긴다.

(17) 2인 3각 경기

▶ 준비물 : 노끈, 바톤

▶ 인　원 : 각 팀

▶ 대　형 : 2열 종대

① 각 팀을 2열종대로 서게 한다.

② 2명씩 짝을 지어 발을 묶고 바톤을 들고 반환점 돌아온다.

③ 가장 빨리 반환점을 돌아오면 이긴다.

(18) 물 풍선 투포환

▶ 준비물 : 물풍선, 줄자, 훌라후프

▶ 인 원 : 각 팀

▶ 대 형 : 1열 종대형

① 각 팀 참가자는 1열종대로 서있고 한사람씩 훌라후프 원안에 들어간다.

② 물 풍선을 한손으로 들고 투포환 던지듯이 멀리 던진다.

③ 물 풍선을 멀리 던진 팀이 이긴다. 단, 풍선이 터지지 않아야 한다.

④ 풍선에 물을 일정하게 넣고 게임을 시작한다.

(19) 풍선 배구

▶ 준비물 : 풍선, 네트(줄)

▶ 인 원 : 각 팀

▶ 대 형 : 팀 대형

① 각 팀에게 풍선을 색깔별로 나눠 준다.

② 바닥에 각 팀의 경계선을 그어 놓는다.

③ 정해진 시간 안에 풍선을 상대방에게 넘겨야 한다.

④ 최종적으로 상대팀의 풍선 숫자로 승부를 낸다.

(20) 신문지 기차

- ▶ 준비물 : 신문지
- ▶ 인   원 : 각 팀
- ▶ 대   형 : 2인 1조

① 각 조에게 신문지를 나눠 주어 2개의 구멍을 뚫게 한다.

② 각 조는 신문지를 목에 걸고 출발선에 선다.

③ 신호에 맞춰 반환점을 돌아오는 게임이다.

④ 처음부터 마지막까지 신속하고 정확하게 빨리 돌아오는 조가 이기는 게임이다.

(21) 풍선 사탕 만들기

- ▶ 준비물 : 풍선, 비닐
- ▶ 인   원 : 제한 없음
- ▶ 대   형 : 자유형

① 각 조에 풍선을 같은 수로 나눠 준다.

② 비닐 반대쪽의 주입구를 묶는다.

③ 신호에 따라 풍선을 불어 대형비닐에 풍선을 넣는다.

④ 정해진 시간에 풍선을 가장 안전하게 빨리 쌓는 조가 이기는 게임이다.

(22) 멋진 허수아비 만들기

▶ 준비물 : 신문지, 옷

▶ 인　원 : 각 팀

▶ 대　형 : 자유형

① 각 팀에서 허수아비를 한명 뽑는다.

② 허수아비를 멋지게 분장시킨다.

③ 가장 멋지고 특색 있는 허수아비를 만든 팀이 이기게 된다.

(23) 옷 기차 만들기

▶ 준비물 : 없음

▶ 인　원 : 각 팀

▶ 대　형 : 자유형

① 각 팀을 한 줄로 서게 한다.

② 신호에 따라 입고 있는 옷이나 신발, 허리띠 같은 것을 이용하여 길게 연결한다.

③ 정해진 시간 안에 길게 연결한 팀이 승리한다.

④ 길게 늘어뜨린 옷을 빨리 입는 팀에게도 점수를 줄 수 있다.

(24) 훌라후프 안에 신발 넣기

▶ 준비물 : 훌라후프

▶ 인 원 : 각 팀

▶ 대 형 : 자유형

① 훌라후프를 5m 떨어진 곳에 놓는다.

② 신고 있는 신발 한 짝을 벗어 훌라후프 안에 넣는다.

③ 훌라후프 안에 정확하게 넣거나, 가장 가까운 곳에 신발이 떨어지면 이기는 게임이다.

(25) 공굴리기

▶ 준비물 : 애드벌룬 공

▶ 인　원 : 각 팀

▶ 대　형 : 2인 1조 2열 종대형

① 참가자들은 애드벌룬 공을 가지고 2열 종대형으로 출발점에 서게 한다.

② 신호에 따라 2인이 1조가 되어 애드벌룬 공을 굴려 반환점을 돌아오는 릴레이 경기이다.

(26) 풍선 속 지령

▶ 준비물 : 풍선, 쪽지

▶ 인　원 : 각 팀

▶ 대　형 : 자유형

① 지령을 적어 놓은 쪽지를 풍선 속에 넣은 후 팀 대표에게 나누어 주고 불게 한다.

② 발로 터트린 후 지령대로 각 팀에서 이행한다.

③ 빨리 이행한 팀에 점수를 준다.

(27) 거북이 마라톤

▶ 준비물 : 바톤

▶ 인　원 : 각 팀

▶ 대　형 : 자유형

① 팀별로 1줄로 선다.

② 진행자의 신호에 맞춰 왼발 앞에 오른발 뒤꿈치를 갖다 대고 교대로 오른발 앞에 왼발
뒤꿈치를 갖다 대며 걷는다.

③ 반환점을 가장 빨리 돌아오는 팀이 이기는 게임이다.

(28) 럭비공 넣기

▶ 준비물 : 천, 럭비공

▶ 인　원 : 각 팀

▶ 대　형 : 2열 종대

① 천에 구멍을 뚫어 양쪽으로 잡고 있다.

② 참가자는 럭비공을 들고 뚫어진 구멍에 넣는다.

③ 가장 빨리 넣는 팀이 이기는 게임이다.

(29) 물컵 얹고 반환점 돌아오기

▶ 준비물 : 물컵

▶ 인　원 : 각 팀

▶ 대　형 : 2열 종대

① 물 컵을 머리위에 얹고 출발선에 대기한다.

② 진행자의 신호에 맞춰 물 컵을 머리위에 얹고 반환점을 돌아온다.

③ 반환점을 가장 빨리 돌아오는 팀이 이기는 게임이다.

(30) 끈으로 빈병 세우기

▶ 준비물 : 2m 끈, 빈병

▶ 인 원 : 각 팀

▶ 대 형 : 자유형

① 빈병을 바닥에 쓰러뜨려 놓는다.

② 진행자의 신호에 맞춰 끈으로 빈병을 세운다.

③ 가장 빨리 빈병을 세우는 사람이 이기는 게임이다.

(31) 깡통 몰기

▶ 준비물 : 빈 깡통 몰기
▶ 인　원 : 각 팀
▶ 대　형 : 자유형

① 깡통과 막대기를 각 팀에 나눠준다.
② 진행자의 신호에 맞춰 막대기를 들고 깡통을 굴린다.
③ 가장 빨리 깡통을 몰고 반환점을 돌아오면 이기는 게임이다.

(32) 럭비공 차기

▶ 준비물 : 럭비공
▶ 인　원 : 각 팀
▶ 대　형 : 자유형

① 럭비공을 나눠 준다.
② 진행자의 신호에 맞춰 럭비공을 발로 차며 반환점을 돌아온다.
③ 가장 빨리 럭비공을 발로 차며 반환점을 돌아오면 이기는 게임이다.

(33) 오리발 신고 릴레이

▶ 준비물 : 오리발

▶ 인 원 : 각 팀

▶ 대 형 : 자유형

① 각 팀은 오리발을 신는다.

② 진행자의 신호에 맞춰 오리발을 신고 반환점을 돌아온다.

③ 가장 빨리 오리발을 신고 반환점을 돌아오면 이기는 게임이다.

(34) 샌드위치 경주

▶ 준비물 : 없음

▶ 인 원 : 각 팀

▶ 대 형 : 5인1조

① 5인1조로 앞사람 허리를 잡고 출발선에 선다.

② 진행자의 신호에 맞춰 반환점을 돌아온다.

③ 가장 빨리 반환점을 돌아오면 이기는 게임이다.

(35) 배불뚝이

▶ 준비물 : 신문지

▶ 인 원 : 각 팀

▶ 대 형 : 자유형

① 신문지를 나눠준다.

② 진행자의 신호에 맞춰 신문지를 배 위에 올려놓고 뒷짐을 한 상태에서 반환점을
돌아온다.

③ 가장 빨리 반환점을 돌아오면 이기는 게임이다.

(36) 지뢰밭

▶ 준비물 : 눈가리개, 풍선

▶ 인　원 : 각 팀

▶ 대　형 : 자유형

① 바닥에 풍선을 붙여 놓는다.

② 진행자의 신호에 맞춰 눈을 가린 후 바닥에 붙여 놓은 풍선을 터트리거나

　 닿지 않도록 조심스럽게 걷는다.

③ 안전하게 돌아오면 이기는 게임이다.

(37) 박 터트리기

▶ 준비물 : 바구니, 오재미

▶ 인　원 : 각 팀

▶ 대　　형 : 자유형

① 자기 팀 박에 자유롭게 선다.

② 진행자의 신호에 맞춰 오재미를 던져 박을 향해 던진다.

③ 가장 빨리 박을 터트리는 팀이 이기는 게임이다.

(38) 굴렁쇠 굴리기

▶ 준비물 : 굴렁쇠, 굴렁쇠 고리

▶ 인　원 : 각 팀

▶ 대　　형 : 자유형

① 굴렁쇠와 굴렁쇠 고리를 나눠준다.

② 진행자의 신호에 맞춰 출발하여 반환점을 돌아온다.

③ 가장 빨리 돌아오는 팀이 이기는 게임이다.

(39) 실버 올림픽경기

① 100m 달리기 : 선수들을 집합시킨 후 진행자의 신호에 따라 양팔 벌리기.

② 창던지기 : 빨대나 나무젓가락을 던진다.

③ 원반던지기 : 종이접시 던지기.

④ 투포환 : 신문지 뭉치를 목에 대고 손으로 멀리던지기.

⑤ 탁구 : 탁구공을 바닥에 떨어뜨려 튕기어 처음 떨어진 곳이 성적이다.

⑥ 멀리뛰기 : 뒤로 돌아 멀리 뛴다.

⑦ 높이뛰기 : 양다리 사이를 벌려 길이를 잰다.

⑧ 수영 : A4용지를 입김으로 빨아들여 오래 버티기.

⑨ 유도 : 두 사람이 끈을 허리에 대고 잡아당기기.

⑩ 야구 : 풍선을 손으로 쳐서 멀리 던지기.

⑪ 축구 : 풍선을 헤딩하여 멀리보내기.

⑫ 농구 : 풍선을 불어서 주입구를 묶지 않고 날리기.

⑬ 배구 : 풍선을 위로 쳐서 오래 버티기.

⑭ 럭비 : 풍선을 옆구리에 끼워 빨리 터트리기.

⑮ 마라톤 : 선수들을 집합시킨 후 신발 크기를 재어 큰 사이즈가 1등.

10 무대(STAGE) 게임

참가자 중 소수를 무대로 올리거나, 각 팀의 대표를 선출하여 진행자와 참가자들이 인터뷰나, 게임과 댄스를 통해서 서로 재미와 웃음을 만들어 가는 것이며 때론 무대 위에서 각 팀에 경쟁을 붙여 진행함으로써 함성과 박수를 유도하므로 흥미를 일으킬 수 있다.

1) 무대에서 활용하는 방법

① 각 조장이 팀의 대표를 선출한다.

② 각 팀의 대표를 뽑거나, 넌센스 퀴즈를 내어 맞히는 사람을 무대로 불러서 진행한다.

③ 무대에서 활용할 수 있는 게임을 재미있게 진행한다.

　(풍선 날리기, 지시게임, 연상게임, 조별 댄스)

④ 진행 중 각 팀의 단합과 단결을 위하여 함성을 지르도록 한다.

2) 게임 지도방법

① 철저한 준비와 계획

② 분위기 파악

④ 벌칙은 부담이 없도록 진행

⑤ 즐거움을 주는 게임으로 구성

3) 무대(STAGE)게임 실전게임

(1) 웅변대회

① 우리가 잘 알고 있는 동요나, 노래, 시 같은 것을 웅변으로 표현한다.

② 제스처나 표정을 통해서 잘하는 사람에게 높은 점수를 줄 수 있다.

예) 산토끼 토끼야 어디를 가느냐, 깡충깡충 뛰면서 어디를 가느냐

이 연사 힘있게 외칩니다.

(2) 과자 빨리 먹기

① 대표로 선출된 참가자에게 이마 위에 과자를 올려놓는다.

② 신호에 따라 이마 위에 있는 과자를 손을 대지 않고 얼굴의 근육을 이용해서

빨리 먹는 게임이다.

③ 도중에 떨어뜨리면 실격이다.

(3) 수염 떼기

① 선출된 대표가 상대편 얼굴에 물 묻은 종이를 붙인다.

② 신호에 따라 얼굴의 근육을 움직이거나, 불어서 종이를 빨리 떼어낸 사람이

　　이기는 것이다.

③ 종이에 손을 대면 실격이다.

(4) 대표 댄스 왕

① 각조의 조장을 앞으로 나오게 한다.

② 음악과 함께 조장 댄스 대결을 한다.

③ 조장들의 댄스 실력을 참가자들의 박수로 등수를 매겨 각조에 기본 점수를 주고 시작한다.

(5) 큰절 올리기

① 각조에 대표 2명을 무대 위로 나오게 한다.

② 대표 2명에게 손과 발을 더한 숫자가 2가 되게 한다.

③ 각조의 대표자는 2를 만들기 위해 한명이 다른 한사람을 안아야 한다.

④ 대표 2명에게 손과 발을 더한 숫자가 10이 되게 한다.

⑤ 각 조의 대표는 손과 발과 머리를 바닥에 넣어 조원들에게 큰절을 올린다.

⑥ 발의 숫자가 2, 3, 4, 5, ... 이와 같은 방법으로 게임을 진행하면 된다.

(6) 풍선 멀리 날리기

① 선출된 대표에게 풍선을 하나씩 나눠 준다.

② 풍선을 머리 크기만큼 불라고 지시한다.

③ 참가자는 풍선을 불고 풍선 주입구를 묶지 않고, 바람이 빠지지 않도록
   잡고 있게 한다.

④ 기준선에서 한사람씩 풍선을 날려 가장 많이 날아간 사람이 이기는 경기이다.

(7) 은·이·을

① 참가자들에게 질문을 하여 맞추게 한다.

② 손가락을 1개 세우고 '이것은 1'입니다, 손가락을 2개 세우고 '이것이 2'입니다.

　손가락을 3개 세우고 '이것을 3'이라고 합니다.

③ 손가락을 2개 세우고 이것은 몇입니까? 하고 질문한다.

④ 참가자들은 '은, 이, 을' 이 힌트인 것을 모르고 손가락만 보고 대답을 할 것이다.

(8) 어(魚)·조(鳥)·목(木)

① 원형으로 의자를 놓고 앉는다.

② 진행자는 참가자들에게 어(魚)·조(鳥)·목(木)을 따라하게 한다.

③ 진행자가 한 사람을 지적하여 어(魚)·조(鳥)·목(木)중 하나를 부른다.

④ 어(魚)는 물고기이름, 조(鳥)는 새 이름, 목(木)은 나무이름을 댄다.

⑤ 진행자는 어(魚)·조(鳥)·목(木)이 익숙해지면 속도를 내어 진행한다.

⑥ 같은 이름을 반복하거나 늦게 말하면 실격이 되어 벌칙을 받는다.

Tip : 천(天) : 하늘을 나는 새의 이름

　　　지(地) : 땅에 있는 동물의 이름

　　　수(水) : 물속에서 사는 고기의 이름

　　　화(花) : 꽃의 이름

(9) 제기차기

① 각 조의 대표를 선출하고 제기를 하나씩 나눠 준다.

② 대표들에게 제기를 찰 수 있게 연습을 시킨다.

③ 본 게임이 시작될 때 대표자들에게 양손을 위로 올리고, 양손을 좌우로 뻗게 하고
　제기를 차게 한다.

④ 제기를 한번 찰 때 양손을 위로 올리고, 또 제기를 한번 찰 때 양팔을 좌우로 벌린다.

⑤ 각 조의 대표들은 팔을 위로, 양옆으로 벌리면서 제기를 가장 많이 찬 사람이 이기는
　것이다.

(10) 감·자·깡

① 참가자 두 사람 중 한사람을A, 다른 한사람을 B, 서로 마주보게 한다.

② A라는 사람이 감!, B라는 사람이 자!, A라는 사람이 깡!이라고 외친다.

③ 감·자·깡 서로 번갈아 말을 한다.

④ 순서를 틀리면 지는 게임으로 상황에 맞게 재미있게 진행한다.

Tip : 새우깡! 양파깡! 고구마깡! 양파깡!

(11) 전체 가위·바위·보

① 참가자 전체를 대상으로 가위, 바위, 보를 진행한다.

② 참가자들이 진행자를 이기면 끝까지 살아남는 게임이다.

③ 진행자는 게임 중 손을 바꾸지 못하도록 사전에 얘기를 해준다.

(12) 야! 야! 게임

① 각 조에 목소리가 가장 큰 사람을 무대 위로 나오게 한다.

② 대표들은 서로 팔짱을 낀다.

③ 왼쪽에서 오른쪽으로 상대방 얼굴을 보고 야! 하고 큰소리로 옆 사람에게 전달한다.

④ 반대로 오른쪽에서 왼쪽으로 상대방 얼굴을 보고 야! 하고 큰 소리로 옆 사람에게 전달한다.

⑤ 이와 같은 방법으로 연습시킨 후 기준을 정해주고 시작한다.

(13) 동전 들고 나오기

① 참가자들에게 십원짜리 동전을 준비하라고 한다.

② 십원짜리 동전 중 가장 연도가 낮거나, 높은 사람을 나오게 한다.

③ 천원, 만원짜리 끝자리나 앞자리 번호를 불러 진행해도 된다.

(14) 핸드폰 게임

① 참가자들에게 가지고 있는 핸드폰을 들고 있게 한다.

② 자기 번호를 가르쳐 주고 진행자가 정해진 문자를 정확하게 보낸 사람에게 선물을 준다.

③ 자기의 핸드폰 마지막 끝자리 번호를 안 가르쳐 주고 참가자들이 맞춰 신호가 가장 빨리 온 사람에게 선물을 준다.

(15) 좌향좌·우향우

① 각조에 대표를 선출하여 무대에 서게 한다.

② 좌향좌, 우향우 지시에 따라 참가들은 신속하게 움직인다.

③ 참가자들이 좌향좌·우향우에 익숙해지면 반대로 진행한다.

(16) 풍선 터트리기

① 풍선을 일정한 크기로 불게 한다.

② 풍선을 무릎이나 사타구니에 낀 후 시작 신호와 함께 먼저 터트리는 경기이다.

③ 양손을 깍지를 끼고 머리 뒤에 손을 대고 풍선을 터트리기를 한다.

④ 참가자들은 "힘줘~~~~~", "힘줘~~~~~"라고 외친다.

(17) 우리 조 똑똑이

① 각 조원 중 똑똑한 사람을 선출하여 무대 위로 나오게 한다.

② 선출된 대표에게 레크리에이션을 엑센트에 따라 말하게 한다.

③ 어려운 말을 3회 연습시키고 실전에 들어가게 한다.

④ 레 '크리에이션, 레크'리에이션, 레크리'에이션, 레크리에'이션, 레크리에이'션,
   레크리에이션'을 엑센트를 넣어 순차적으로 말하게 한다.

⑤ 이와 같은 방법으로 정확하게 말한 사람이 이기는 게임이다.

(18) 아니오! 네! 감사합니다!

① 진행자는 노래할 사람을 마음속에 정한다.

② 진행자는 다음과 같은 조건을 어길 때는 벌칙으로 노래를 해야 한다고 한다.

③ 첫 번째 질문은 "아니요!"

　두 번째 질문은 "네!"

　세 번째 질문은 "감사합니다!"라고 조건을 말해준다.

④ 노래할 사람에게 세 가지 질문을 한다.

　첫 번째 질문 노래를 잘 못하시죠? ("아니오!")

　두 번째 질문 그럼 노래를 잘 하시는군요. ("네!")

　세 번째 질문 노래 1곡 부탁드리겠습니다. ("감사합니다!")

11 | 차내 게임

행사장 출발부터 도착 전까지 버스 안에서 활용하는 게임으로서 개인의 마음을 열어 파트너와 어색함을 없애고, 자연스럽게 게임에 참여할 수 있고 서로에게 친밀감을 높여주는 게임이다.

(1) 짜장·짬뽕

① 두 사람이 마주보고 가위, 바위, 보를 한다.

② 이긴 사람은 "짜장"! 진 사람은 "짬뽕"!이라고 외친다.

③ 먼저 외치는 사람이 가위, 바위, 보 승패에 관계없이 승리한다.

④ 서로가 비겼을 경우 먼저 "짬짜"를 외치는 사람이 이기는 것이다.

(2) 나의 살던 고향

① 파트너끼리 왼손으로 악수를 한다.

② 나의 살던 고향 노래를 부르며 가위, 바위, 보를 한다.

③ 노래를 부르며 이긴 사람은 진 사람의 왼손 손등을 때린다.

④ 노래가 끝날 때까지 계속한다.

(3) 위로 · 아래로 꽝!

① 파트너끼리 양손 주먹을 쥐고 서로 그 사이에 주먹을 모아 탑을 쌓는다.

② 위로! 하고 외치면 맨 밑에 있는 주먹을 위로 올려놓는다.

③ 아래로! 하고 외치면 맨 위에 있는 주먹을 아래로 내려놓는다.

④ 꽝! 하면 맨 위에 손으로 밑에 있는 주먹을 때린다.

⑤ 위로! 아래로! 꽝!을 연습시킨 후 진행하면 재미있다.

(4) 택시 · 버스

① 두 사람이 마주 보고 가위·바위·보를 한다.

② 이긴 사람은 택시가 되고, 진 사람은 버스가 된다.

③ 택시가 된 사람은 주먹을 쥐고 버스 주머니에 손을 넣었다 뺐다 한다.

④ 보리가 된 사람은 쌀 주먹을 빨리 잡는다.

⑤ 쌀이 보리한테 잡히면 보리가 쌀이 된다.

(5) 콩! 콩! 콩!

① 서로 마주 보고 가위·바위·보로 승부를 낸다.

② 이긴 사람은 오른손을 진사람 얼굴 앞에 놓고 콩!, 콩!, 콩! 하고 손을 움직이며 외친다.

③ 진 사람은 이긴 사람의 손과 반대방향으로 얼굴을 돌리면 이기는 것이다.

(6) 화장지 릴레이

① 차내 양쪽으로 두 팀을 나눈다.

② 두루마리 화장지를 양팀에 나눠준다.

③ 통로쪽 맨 앞사람이 화장지를 풀어 자신의 목에 한 바퀴 감고

　창쪽에 있는 옆 사람에게 건네준다.

④ 창쪽에 있는 사람은 자신의 목에 이어서 두 번째 줄의 통로쪽에 있는

　사람에게 화장지를 전달한다.

⑤ 화장지가 끊어지지 않고 맨 뒤까지 전달한 팀이 이긴다.

Tip : 목에 감겨있는 화장지를 풀면서 원상태로 빨리 감으면 이긴다.

(7) 도착시간 알아 맞추기

① 참가자 전원에게 볼펜과 메모지를 준다.

② 도착하는 시간을 예측하여 몇 시, 몇 분, 몇 초가 걸리겠는지 메모지에 적는다.

③ 참가자는 메모지에 자기이름을 쓰고 진행자에게 준다.

④ 도착시간을 가장 정확하게 맞춘 사람에게 선물을 준다.

⑤ 도착 시간은 버스가 주차장에 주차한 후 차문이 열리는 순간을 도착시간으로 정한다.

(8) 풍선 릴레이

① 차내의 사람들을 네 팀으로 나눈다.

② 맨 앞사람은 풍선을 불어 묶어서 풍선을 들고 있는다.

③ 진행자의 신호에 따라 풍선을 뒤로 전달해서 다시 앞으로 빨리 풍선을
전달하는 게임이다.

(9) 숫자 빙고

① 진행자는 참가자에게 25칸이 그려진 빙고메모지를 나눠준다.

② 참가자는 25칸에 1~25를 각자 마음대로 빈칸에 번호를 1개씩 써 넣는다.

　(번호가 중복되면 안 된다.)

③ 진행자는 앞자리부터 순서대로 돌아가면서 각자가 부르고 싶은 번호를 부르게 한다.

④ 진행자는 1줄 빙고, 2줄 빙고, ~~~5줄 빙고를 차례로 선물을 준다.

(10) 지폐 빙고

① 참가자는 천원짜리 지폐를 1장씩 준비하고 지폐의 번호를 확인한다.

② 진행자는 한글과 숫자를 요령껏 불러 나간다.

③ 진행자가 임의로 부르는 번호가 4개 이상 맞으면 당첨된다.

Tip : "5"자가 2개인 지폐, "3"자가 1개도 없는 지폐, 앞자리 2자리 합이 13이 넘는 지폐,
앞자리와 끝자리 숫자가 홀수인 지폐 등.

(11) 머릿속의 시계

① 참가자들 모두 눈을 감게 한다.

② 참가자들이 시계를 보지 못하도록 열중쉬어 하게 한다.

③ 진행자가 정해준 시간을 참가자들은 머리 속으로 시간을 계산한다.

④ 참가자들은 머릿속으로 시간이 됐다고 생각되면 손을 들거나 일어난다.

⑤ 정확한 시간이 되었을 때 참가자가 일어나면 선물을 주는 것이다.

뇌크리에이션 댄스

1 뇌크리에이션 댄스

뇌크리에이션 댄스는 좌뇌와 우뇌가 각각 받아들이는 정보를 하나로 융합하여 규칙적인 동작의 순서를 기억하고, 기억된 동작에 음악에 맞추어 춤을 추면서 각각의 동작에 일정한 명령어를 넣어 반복기억 하며 흥을 넣어 추는 댄스를 말한다.

또한 뇌크리에이션 댄스는 치매예방 및 건강증진을 위해 고안된 것으로 다른 유산소운동 프로그램과 같이 동일한 기초 훈련의 원리를 활용하여 노인들의 운동을 규칙적으로 실시하면서 심폐기능을 향상시킬 뿐만 아니라 체력발달 그리고 몸의 균형유지를 위해 대단히 중요한 운동이다.

뇌크리에이션 댄스를 함으로서 행동체력이 강화된다. 행동을 발현하는 능력(근력과 순발력), 행동을 지속하는 능력(근지구력과 전신지구력), 그리고 행동을 조절하는 능력(민첩성, 평형성, 유연성 및 교치성)이 좋아진다. 뇌크리에이션 댄스를 통해 건강한 사회, 행복한 문화를 만드는데 더 많은 개발이 필요하다.

뇌크리에이션 댄스의 기본운동은 3단계로 나눈다. 첫째는 준비운동으로 정적·동적 스트레칭을 실시하여 근육, 인대 등을 충분히 풀어준다. 스트레칭 동작을 바르게 하는 것은 본 운동에서 유연성과 완전한 동작을 실시할 수 있는 능력을 높이는데 있다.

둘째는 실전운동이다. 실전운동은 준비동작과 자연스럽게 연결될 수 있는 스텝을 주로 하여 팔 동작을 서서히 시작한다. 약한 동작과 강한 동작을 조절하거나, 팔과 다리를 움직여 다양한 응용동작을 하여 흥미를 갖게 한다.

셋째는 정리운동이다. 정리운동은 근육조정 운동 및 심박수를 원상태로 회복시키는 단계로 점차 강도를 낮추는 운동이다. 경쾌한 음악과 힘찬 움직임으로서 유산소 능력을 개발하고, 반복 근육운동을 통화여 효율적인 뇌 운동을 향상시키고자 한다. 정리운동은 5~10분 정도가 적당하다.

뇌크리에이션 댄스의 프로그램에 참여하여 얻는 효과로는 뇌기능의 활성화, 심폐기능의 발달 촉진, 탄력성 있는 근육, 명랑한 생활과 삶을 즐길 수 있는 여가 선용의 기회를 주는 운동으로 최소의 시간을 투자하여 최대의 운동효과를 얻을 수 있다.

2 뇌크리에이션 댄스의 효과

(1) 몸을 교차시키는 운동 혹은 중앙선 운동으로 두뇌의 좌반구와 우반구를 통합시켜 뇌 전체가 효과적이다.

(2) 스트레칭 활동으로 긴장을 풀어주고 동기가 유발되며 긍정적인 에너지에 활력을 넣어 주는데 효과적이다.

(3) 에너지를 생산하고 집중력을 향상시키는 동작으로 이는 뇌의 정서적 부분과 사고 부분을 함께 작동시켜 주의집중에 효과적이다.

(4) 음악과 함께 몸을 흔들어 주면서 정서적인 기분에 효과적이다.

(5) 신체적인 면과 정서적인 면에 균형을 유지하는데 효과적이다.

(6) 몸과 머리를 동시에 같이 쓰면 치매 전단계인 '경도인지장애' 예방에 큰 효과를 얻을 수 있다.

3 뇌크리에이션의 온몸풀기

뇌크리에이션 댄스 준비운동

(1) 손목과 발목을 털어준다.

(2) 어깨를 털어준다.

(3) 다리를 살짝 벌려 주고 양손으로 겨드랑이 옆을 흔들어 준다.

(4) 양손을 가슴에서 앞쪽으로 털어준다.

(5) 좌우로 털어준다.

(6) 어깨에서 위로 털어준다.

(7) 어깨에서 아래로 물을 쫙 뿌리는 동작처럼 털어준다.

4 뇌크리에이션 실전댄스

1) 뇌크댄스 1단계

▶ 음　　악 : 4/4박자의 경쾌한 음악

▶ 소요시간 : 자유롭게 활용

▶ 대　　형 : 자유형

 오른쪽 ①찍고, 왼쪽 ②번 찍고, 중앙 ③번 찍고, 중앙 ④번 찍고

중앙 ③번 찍고, 중앙 ④번 찍고, 오른쪽 ①번 찍고, 왼쪽 ②번 찍고

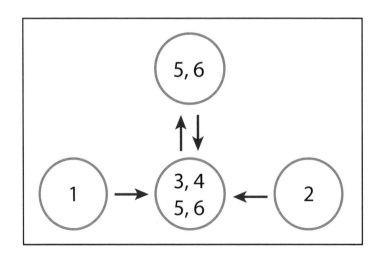

2) 뇌크댄스 2단계

▶ 음　　악 : 4/4박자의 경쾌한 음악

▶ 소요시간 : 자유롭게 활용

▶ 대　　형 : 자유형

 중앙 ①② 찍고, 왼쪽 앞쪽 ③④, 오른쪽 ⑤⑥ 찍고, 중앙 ⑦⑧ 찍고

중앙 ①② 찍고, 왼쪽 뒷쪽 ③④, 오른쪽 ⑤⑥ 찍고, 중앙 ⑦⑧ 찍고

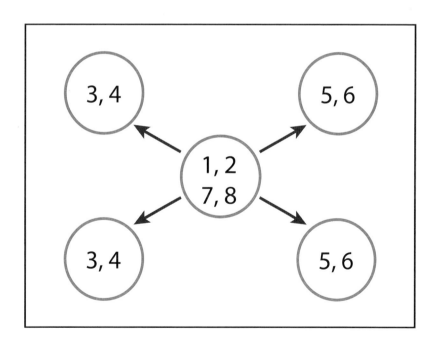

3) 뇌크댄스 3단계

▶ 음　　악 : 4/4박자의 경쾌한 음악

▶ 소요시간 : 자유롭게 활용

▶ 대　　형 : 자유형

 중앙 ①② 찍고, 왼쪽 앞쪽 ③④ 찍고, 박수 두 번 치고, 중앙 ①② 찍고

중앙 ①② 찍고, 오른쪽 앞쪽 ⑤⑥ 찍고, 박수 두 번 치고, 중앙 ①② 찍고

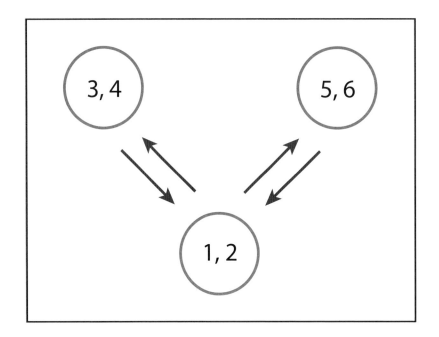

4) 뇌크댄스 4단계

▶ 음　　악 : 4/4박자의 경쾌한 음악

▶ 소요시간 : 자유롭게 활용

▶ 대　　형 : 자유형

중앙 - ①번 찍고,　①-1번 찍고, ①번 찍고 - 중앙

중앙 - ②번 찍고,　②-1번 찍고, ②번 찍고 - 중앙

중앙 - ③번 찍고,　③-1번 찍고, ③번 찍고 - 중앙

중앙 - ④번 찍고,　④-1번 찍고, ④번 찍고 - 중앙

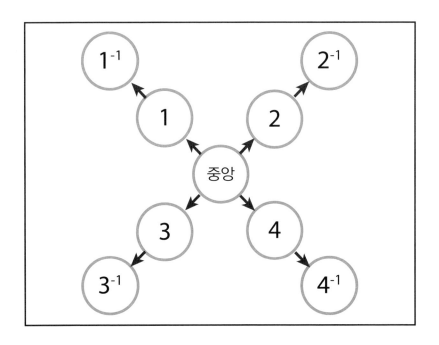

5) 뇌크댄스 5단계

▶ 음　　악 : 4/4박자의 경쾌한 음악

▶ 소요시간 : 자유롭게 활용

▶ 대　　형 : 자유형

 중앙 – 앞 왼쪽 ①번 찍고, 앞 오른쪽 ②번 찍고, 중앙 ③, ④ 찍고

중앙 – 뒤 왼쪽 ①번 찍고, 뒤 오른쪽 ②번 찍고, 중앙 ③, ④ 찍고

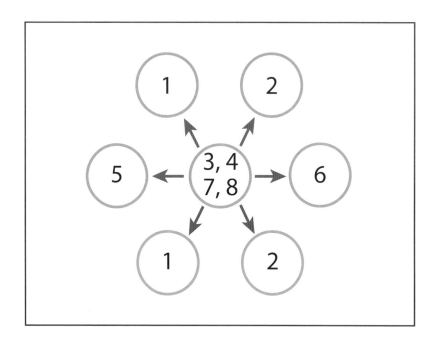

치료레크리에이션

1 치료레크리에이션의 개념

　치료레크리에이션이란 자유롭고 자발적인 표현활동으로 신체적, 정서적으로 즐거움과 이완을 얻는 일체의 활동이다. 또한 치료레크리에이션은 개인의 성장과 발전의 도모를 위해 신체적·정서적·사회적 행위의 변화와 그 안에서의 특수한 목적을 위한 레크리에이션의 전문화된 적용을 말한다.

　치료레크리에이션은 특별한 목적을 성취하기 위한 레크리에이션 활동이나 경험의 체계적인 과정으로 불리기도 한다(Carter, van Ander & Robb, 1985). 치료레크리에이션은 레크리에이션 기법을 활용하는 의도적인 개입 과정이다(Peterson & Stumbo, 2000; 채준안, 2003).

2 치료레크리에이션의 정의

오늘날 삶의 질은 궁극적으로 자기개발과 자기표현은 레크리에이션 참여에 의해서 많은 영향을 받는다. 다비스(Davis, 1936)에 의해 최초로 정의 내려진 치료레크리에이션은 여가와 레크리에이션의 전문 지식을 이용해서 최적의 건강과 삶의 질을 높이는 데에 중요한 분야 중의 하나이다.

치료 레크리에이션에 대한 정의는 레크리에이션과 공원협회(National Recreation and Park Association)에서 일반적으로 규정하였는데, 치료 레크리에이션은 질병과 장애 그리고 특별한 사회문제를 치유하고 교정하기 위하여 제공하는 레크리에이션 서비스로서, 장애와 질병의 치유를 뛰어 넘어 신체적·정신적 건강 모두의 기능적인 조화를 추구하는 활동이다(이철원, 2002; 127).

Iso-Ahola(1981) 또한 치료레크리에이션은 레크리에이션과 여가활동을 통한 문제를 방어 또는 해결하도록 돕거나 의뢰인(Client)의 성장을 돕기 위한 계획적이고 의도적인 개입이라고 하였다(Austin, 1982).

이와 같이 레크리에이션을 통하여 사회, 정신, 신체, 정서적인 기능회복을 도모함으로써 적합한 레크리에이션 활동을 생활 속에서 지속적으로 표현하고 유지할 수 있도록 돕는 치료레크리에이션(Therapeutic Recreation)영역이 되었다.

〈표 7-1〉 치료레크리에이션에 대한 학자별 개념

학자명	정 의
Webster's New International Dictionary	치료레크리에이션은 의술적 개념 내지 의술에 적합한 개념으로 규정되고 있는데, 곧 병을 치료하는 수단과 관련된 치료법의 개념으로 인식 됨.
Haun	레크리에이션은 치료요법의 효능을 증진하는 중요한 수단이며, 치료보다는 치료를 위한 환경창출에 도움을 줌.
Ball	레크리에이션은 즐거운 경험을 창출하고 목표를 촉진하는 활동으로서 치료적 의미를 내포하고 있음. 따라서 치료나 재활의 용어와 치료적 레크리에이션은 동의어로 볼 수 있음.
Collingwood	치료레크리에이션은 하나의 과정을 통하여 고객의 욕구에 부응하는 측면에서 재활과 관련되는데, 곧 신체적·심리적·사회적·직업 교육적 등의 욕구에 맞춰 고객의 재활을 촉진시키는 잠재력을 소지한 활동임.
Frey & Peters	치료레크리에이션은 인간행동에 일정변화를 일으키고 개인의 성장과 발전을 촉진하기 위하여 신체적·정서적·사회적 행동에 있어서 일정의 의도적인 개입으로서 레크리에이션 서비스를 적용하는 과정.
Avedon	치료레크리에이션은 레크리에이션 자원을 사용하는 데 방해요인으로 등장하는 정신적·신체적·사회적·만성적인 제약점들을 지니고 있는 환자들에게 제공하는 레크리에이션 서비스를 의미하고, 목적은 긍정적인 레크리에이션 경험을 얻고 목표 지향적이 되기 위하여 예방적이며 교정적인 방향에서 레크리에이션 지도와 훈련을 함으로써 개인의 참여기회 확대에 있음.
Kraus	치료레크리에이션은 질병과 장애가 있거나 노약자들에게 장애 가운데서도 신체적·정신적·사회적·경제적으로 스스로 자립해서 인생을 살아 갈 수 있도록 도움을 주는 과정이며 목적임.

3 치료레크리에이션의 목적

치료레크리에이션의 목적은 삶의 모든 영역에서의 대상자의 기능을 향상시키고 질병이나 장애를 가진 이들에게 적절한 여가나 레크리에이션 생활양식의 개발이나 유지·표현 등의 촉진을 목적으로 하고 있다.

NTRS(National Therapeutic Recreation Socity, 1989)는 정신질환을 가진 사람을 위한 치료레크리에이션의 목적은 다음과 같다고 하였다.

① 자신에 대해 좋은 느낌을 갖는다.

② 다른 사람과의 대인관계를 증진시킨다.

③ 긴장을 완화시킨다.

④ 건전한 대처기술을 개발한다.

⑤ 건전한 여가 생활스타일의 필요성을 깨닫는다.

4 치료레크리에이션의 필요성

치료레크리에이션이 필요한 근본적인 이유는 신체적·정신적·사회적·정서적 장애를 갖고 있는 이들이 근본적인 인권의 존중에 있다고 할 수 있다. 치료레크리에이션은 창조적인 경험과 건전한 대인관계 및 재사회화를 촉진시키고 불안과 긴장을 제거하여 사회인으로서 역할을 충분히 하도록 능력을 회복시키므로 다음과 같은 효과들로 인해 필요성이 더욱 강조되고 있다.

① 장애자나 환자들의 치료를 도울 수 있다.
② 바람직한 사회적응과 원만한 인간관계의 형성을 도모할 수 있다.
③ 치료 후 개인적인 여가생활에 필요한 기술 등을 습득하게 한다.
④ 치료레크리에이션 활동에 참여함으로써 자신과 타인에 대한 이해와 자신의 생활에 자신감을 고취시킨다.
⑤ 자발적 참여와 관심, 보람 등을 스스로 발견할 수 있게 해 준다.
⑥ 독립심을 기른다.
⑦ 신체적·정신적 기능을 제고시킨다.
⑧ 삶의 가치를 인식하게 한다.
⑨ 인간관계를 개선시킨다.
⑩ 개인적인 능력과 지도력을 육성시킨다.

이러한 가치 수렴으로 인한 치료레크리에이션의 순행적인 지도 효과는 여러 가지 결함을 해소시키고 치료에 많은 도움을 줄 수 있다.

5 치료레크리에이션의 과정

치료레크리에이션 과정은 레크리에이션 전문가가 클라이언트의 욕구를 충족시키기 위한 4가지 단계로 이루어져 있다.

① 사정단계 : 다양한 여가구성 요소와 관련된 클라이언트의 기능화 수준을 평가, 진단하는 과정이다.

② 계획 또는 처방단계 : 각각의 클라이언트에 대한 치료레크리에이션 치료 목표를 계획하는 것이다.

③ 프로그램을 실행하는 단계 : 많은 촉진기법과 활동분석이 이루어진다.

④ 평가단계 : 결과를 신중히 검토한다. 이러한 치료레크리에이션 과정은 피드백의 형태로 순환하면서 변화한다.

6 치료레크리에이션의 서비스 대상

치료레크리에이션의 대상은 생활상에 있어서 신체적·정신적·사회적·정서적 장애를 갖고 있는 이들이다. 이러한 치료레크리에이션의 대상자들은 일반노인이나 장애노인 뿐 아니라 신체적 결함을 갖고 있는 사람들, 정신적으로 지체된 사람들(정신지체인), 정신장애인, 마약 및 약물에 의존하는 사람들 그리고 청소년 등을 들 수 있다. 치료대상자들은 치료레크리에이션 서비스가 주어지는 인적 그리고 건강관리 시스템으로 치료가 가능한 대상들이다.

1) 치료레크리에이션 프로그램의 구성 요소

(1) 감각 훈련(Sensory Training) 기법

감각훈련이란 환자 자신에 대한 인식과 타인에 대한 인식, 현실에 대한 적응력 강화 그리고 주의집중력, 판단력, 민첩성과 청각, 후각, 촉각, 미각, 지각반응, 운동감각 등 모든 감각기관의 자극에 대한 감각을 증진시키기 위한 것이다.

(2) 재동기화(Remotivation) 기법

재동기화 훈련은 환자의 활력을 증진시키고 활발한 의사소통과 함께 환자들이 다른 활동에 적극적인 참여로 대인관계 및 환자들 간에 집단적인 상호교류 작용을 증진시키는 방법이다.

(3) 행동수정치료(Behavior Modification Therapy) 기법

행동수정치료는 정신요법의 한 형태로서 사회적으로 비적응적인 행동들을 초기에 발견하여 사회적으로 적절한 행동으로 교정시키는 데 있다. 환자의 증상을 제거하고 무능하거나 부적응적인 행동양상을 수정하고자 하는 데에 그 목표를 설정하고 있다.

(4) 현실지도(Reality Orientation)

만성적 환자들이 옳고 그른 것의 현실을 인식하는 것을 돕고 물리적·사회적 환경에 대하여 의미 있는 관계를 갖도록 하는 접근방법이다.

(5) 문제해결 훈련기법

혼자서 풀 수 없는 문제를 집단 활동을 통하여 좋은 해결책을 만들 수 있으며, 환자 혼자서의 빈번한 망상 등을 인식하고 수정하는 훈련이다.

(6) 역할놀이 훈련기법(Role Playing)

어떤 상황이나 문제를 극화한 것으로 소집단원에게 개인별로 서로 다른 역할을 맡아 어떤 가상적 상황에서 서로 협의하여 어떤 결정을 하게 함으로써 다른 역할을 맡은 사람들과 원만한 타협을 보도록 하는 기법이다.

(7) 만남훈련(Encounter Training)

대인관계에서 사람과의 만남의 중요성을 일깨워주고 자신의 행동을 어떻게 하여야 하는가를 훈련한다.

7 치료레크리에이션의 작업요법

1) 치료적 터치(스킨십)

진행자와 참가자의 자연스러운 신체접촉을 통하여 참가자를 향한 관심과 애정이 있다는 점을 인식키며, 진행자의 신뢰감을 지속적으로 유지시키는데 있다.

2) 음악요법

음악은 모든 연령층에게 표현의 수단이 된다. 프로그램에 맞는 음악을 들려줌으로써 적절한 감정이완에 도움이 되고, 활동참여를 보다 적극적이고 흥미롭게 참여시킬 수 있다. 특히 시작과 끝날 때 음악을 활용하면 더욱더 효과적이다. 또한 클라이언트는 음악 활동에 능동적으로 참여함으로써 심리적 안정을 통해서 자존감을 높여준다.

3) 미술요법

미술이 갖는 창조성은 노인들에게 자존감을 향상시킬 수 있고, 정서적면에서 안정적이다. 미술활동에 의한 작품은 진단도구나 치료효과를 가져 온다.

4) 댄스요법

노래나 댄스에 참여함으로써 근육의 경련과 회복, 긴장과 이완, 순환기능에 대한 효과뿐만 아니라 자기의지를 표현할 기회를 가지게 된다. 적극적인 자아 개념을 촉진하기에 아주 좋은 치료 효과가 있다.

5) 영상물(사진, 그림 또는 동영상)

사진이나 그림 또는 동영상을 활용하여 참가자로 하여금 활동에 대한 흥미와 관심을 갖게 한다. 또한 영상물을 통해 서로 이야기를 나눔과 동시에 활동참여에 대한 구체적인 동기유발과 피드백을 유도하는데 사용된다.

6) 유머

유머를 통해 우리의 긴장감이나 고통을 감소시키고 완화시킨다.
유머를 통한 웃음은 스트레스 해소에 도움이 된다. 또한 부정적인 정서반응을 완화시키고 보다 안정감 있는 정서를 유지할 수 있다.

7) 신체활동

신체 활동에 참여는 신경 및 근육계에 영향을 준다. 스트레스를 제어하기 위한 가장 자연스러운 방법으로 신체활동의 참여를 통해서이다. 걷기, 달리기, 수영과 같은 것이다. 특히 걷기는 근육, 관절에 무리를 주지 않고 정신적으로 안정된 신체 활동이다. 또한 신체적 활동에 참여하는 폭넓은 대상에게 즐거움과 성취감, 친밀감을 느끼게 한다.

8) 활동도구 사용

참가자의 기능수준에 맞는 프로그램을 활용하거나, 도구를 사용하여 보다 흥미롭고 다양한 활동에 참여하도록 함으로써 부족한 기능을 회복시키고, 재미와 즐거움을 얻는데 사용된다. 이때 레크리에이션을 활용한다.

9) 오락 활동

오락 활동을 통해 정서적이고 사회적인 즐거움을 얻을 수 있다. 오락 활동에는 콘서트, 연극, 박람회, 스포츠 경기, 레크리에이션이 있다.

10) 독서요법

독서요법은 클라이언트에게 다른 사람들도 자신과 비슷한 문제를 가지고 있다는 것을 알리기 위해 소설, 희극, 단편소설, 소책자 같은 읽을거리를 활용하는 것을 말한다. 클라이언트는 그 등장인물과 자신을 동일시하여 자신을 내용에 투사하게 된다. 등장인물에 대해 서로 이야기하는 시간을 갖는다.

11) 대화요법

대화요법은 자기 생각을 전달해야 하는 매우 복잡한 사회적 행위라 할 수 있다. 옛날이야기나, 과거를 회상하여 자신의 생각과 마음을 서로 전달하는 기회를 만든다.

8 요양원 어르신을 위한 레크리에이션

1) 소근육 마사지법

마사지는 고대, 인도, 중국, 그리스, 로마, 아라비아 등에서부터 행해져 온 자연 치료법으로 가장 오래된 것이다. 하루에 10분간 꾸준히 마사지를 하면 스트레스를 없애고 정신적 안정감을 준다. 마사지는 뭉친 근육에 물리적인 힘을 가해 부드럽게 이완시킴으로써 한곳에 정체된 기와 혈의 소통을 원활하게 해줄 뿐만 아니라, 근육 경직을 풀어주어 활동능력을 높여준다. 또한 피부를 쓰다듬고, 누르고, 주무르는 등의 힘을 가해서 질병의 치료나 피로 해소를 돕는 역할을 한다. 경락마사지는 경락선이나 경혈점에 손가락, 손, 팔꿈치, 발 무릎 등의 신체부위를 이용하여 가압하고 문질러서 경락을 자극함으로써 기혈의 운행을 촉진시켜 인체의 혈액순환을 개선한다(홍연숙, 2005).

2) 마사지의 효과 및 금지사항

머리에서 발끝까지 꾸준히 마사지를 함으로서 스트레스를 해소하는 데 효과적이다. 그러나 경락마사지를 할 때 금지사항이 있다. 경락마사지를 허약한 사람에게 강하게 하게 되면 오히려 통증이 심해져 부작용이 일어나며, 일부 장기에 문제가 있는 사람이 마사지를 받으면 혈압상승이나 두통이 심하게 일어 날 수 있다.

인체부위	효 과
순환기계	정맥혈로 임파액이 순환하는데 가속력을 준다.
근골기계	근육피로개선, 힘줄들의 탄력성과 활동성을 증강시켜 관절의 움직임과 순환을 촉진시킨다.
신 경 계	교감신경계와 부교감 신경조직 내성을 촉진한다.
호흡기계	호흡활동이 활발해진다.
소화기계	요산, 요소 등을 체외로 배설한다.

출처 : Bnownell, K. D. & Kramer, F. M.(1989).

〈표 7-3〉 경락 마사지의 금기사항

	금 기 사 항
1	만성병, 염증성, 피부질환, 열성질환, 전염병, 궤양성 질환
2	임산부, 정맥류, 종양
3	생리 2~3일, 식사 1시간 이내는 피한다.
4	심한 쇠약자는 피한다.

출처 : 김선희(2005), 경락 마사지 금기사항.

3) 마사지 기법

마사지 순서는 심장에서 먼 부분에서 시작해 가까운 순서로 발-손-다리- 등-배의 순으로 마사지를 하는 것이 좋다. 단, 마사지할 때 너무 세게 누르거나 만지면 오히려 역효과를 낼 수 있으므로 주의해야 한다.

(1) 유연법

살이 많은 부위를 마사지 할 때 주로 사용하는 손동작을 말한다. 손동작으로 살을 움켜쥐고 엄지로 꾹 누르면서 주무르는 동작으로 피의 흐름을 좋게 해준다(수잔 멈포드·박선령, 2004). 두꺼운 살 조직과 굳어진 근육조직을 약간의 압력을 가해서 집어 올려 늘어진 하부 조직을 가볍게 올리며 놓을 때 튕겨 주는 기법이다.

(2) 압박법

지압과 비슷한 것으로 아프지 않게 서서히 누르는 것으로 손가락의 지문, 손바닥을 사용하여 피부의 골과 근육에 압력을 가하는 기법이다(Groër et al., 1994).

(3) 경찰법

손바닥을 넓게 펴되, 손가락에는 힘을 주지 말고 손을 피부 위로 가볍게 미끄러뜨리면서 지방이 많은 부위나 근육에 자극을 주는 기법이다

(4) 진동법

근육이나 신체를 흔들어 주는 방법으로 지각신경에 쾌감을 주어 혈액순환을 촉진시켜 주는 기법이다

(5) 고타법

두드리는 기법으로 주먹, 손가락 끝, 손바닥, 주먹, 손 전체를 사용하여 두드리는 동작으로 어깨 주위의 근육과 등, 대퇴부위 및 크고 넓은 근육부위를 규칙적으로 근육을 두드리는 기법이다.

(6) 관절 운동법

관절의 상태를 파악한 다음 상응하는 전후 좌우 원형운동을 이용한 마사지를 구사하는 테크닉이 있다(Fraser & Kerr, 1993). 이 기법들은 임상에서 비교적 짧은 시간 내에 효과적이면서도 간단하게 사용할 수 있는 방법이다.

4) 귀 마사지법

귀는 인체에서 가장 차가운 기관이며 또한 뇌에서 가장 가까운 기관이고 태아가 자궁 속에서 맨처음 갖는 최초의 감각 기관이며, 가장 민감한 반응 기관이기도 하다. 임신 후 6주경이 되면 태아는 벌써 듣기 시작한다고 한다. 귀 모양이 자궁 내의 태아가 거꾸로 놓인 모양과 같은데 작은 귀에 모든 경락이 모여 있으며 각부의 혈이 약 160개 정도가 분포되어 있다.

귀에 대한 자극은 오장육부는 물론 신경, 골격, 근육, 제반 모든 부분에 작용하여 귀 안에 생리변화에 따라 예방 및 치유에 직, 간접적으로 도움을 줄 수 있다. 귀를 잡아당기기 전에 양손바닥을 비벼서 손가락이나 손바닥을 따뜻하게 해준다. 약 1분에 30~50회 정도 해주는 것이 좋다.

(1) 귓불을 잡아당긴다.

고혈압 환자나 뒷목이 뻣뻣해지는 증상에 좋고, 습관성 두통이나 스트레스로 인한 증상과 혈압이 높은 사람은 귓불을 조금 세게 잡아당겨 주면 두통이 사라진다. 아침에 귀 잡아당기기를 습관적으로 해주면 맑은 정신으로 하루를 보낼 수 있다.

(2) 귓불을 늘려 아래로 잡아당긴다.

장시간 눈이 피로해 지거나 눈이 침침해질 때 귓불 가운데를 엄지와 검지로 누른 후 밑으로 잡아당기면 피로해진 눈과 목, 입의 피로를 회복시키는 데에 효과적이다. 약 30회 이상 계속해서 반복한다.

(3) 귓불 위 돌기를 얼굴 쪽으로 잡아당긴다.

귓불의 위쪽에 있는 안쪽 작은 돌기가 고환의 반사지점이다. 이곳에 검지 손가락을 깊숙이 넣어 얼굴 쪽을 향해 잡아당기면 호르몬 분비가 원활해져 정력증강에 효과적이다.

(4) 오목하게 들어간 이륜각 지점을 자극한다.

귀 구멍의 위 오목하게 들어간 지점을 이륜각이라 한다. 이 지점은 대장, 소장, 십이지장의 반사구이다. 이 지점을 자극하면 소화불량이나 장을 튼튼하게 해준다.

(5) 귀 걸어 당기기

귀 걸어 당기기는 체내 활동 대사를 원활하게 한다. 자궁이나 생식기와 관련한 반사구에 손가락을 넣어서 10회 정도 당긴다.

5) 손 마사지법

손 마사지는 손을 이용해 피부를 마찰하여 근육을 자극하고 이완시켜 혈액과 림프액을 순환시켜 세포에 영양공급을 촉진, 운동 증진, 근육의 피로를 완화, 피부의 긴장을 향상시켜 편안과 이완을 촉진시키는 방법이다(Snyder, 1992). 손 마사지는 인간의 질병을 치료하는 수단으로서 보완대체요법 중의 하나로 압박치료로 분류된다. 사람들이 통증을 느낄 때 접촉하거나, 두드리고 주무르는 동작을 자동적으로 행하며 근육 이완을 통해 통증을 감소시킨다.

(1) 손톱 양옆 누르기

엄지와 검지로 손톱 양옆을 열 손가락으로 누른다. 목의 긴장이 풀어져 뒷목이 편안해진다.

(2) 손가락 뒤로 젖히기

손가락을 하나씩 손등 쪽으로 젖힌다. 손가락에는 몸 전체의 모세혈관이 많이 분포돼 있어 혈액순환에 도움이 된다.

(3) 손가락 사이 누르기

손가락 사이 갈라진 부위를 반대편의 엄지와 검지로 꼬집듯이 눌러준다. 임파선과 연결되어 있어 감기에 걸렸을 때 자주 하면 감기 예방과 치료에 도움이 된다.

(4) 손가락 전체 젖히기

손가락을 가지런히 붙여 반대편 손바닥을 대고 손등 쪽으로 서서히 밀어준다. 눈과 목의 피로가 풀린다.

(5) 왼손 중지와 약지 사이 누르기

왼손 중지와 약지 사이에 오른쪽 엄지를 대고 힘을 줬다 풀었다를 반복하면서 1분간 꾹 눌러준다. 눈병이 생겼을 때 수시로 하면 좋다.

(6) 손목 가장자리 문지르기

손목 가장 자리의 움푹 들어간 곳을 수시로 눌러준다. 양쪽 모두 같은 방법으로 하고 특히 더 아픈 곳은 시간 날 때마다 꾹꾹 눌러준다. 생리통이나 허리통증 해소에 좋다.

(7) 손바닥 중앙 문지르기

손목 중앙 바로 위부터 손바닥 중앙까지 엄지로 밀듯이 문지른다. 소화가 잘 안 될 때 반복하면 도움이 된다.

(8) 새끼손가락 옆쪽 위아래로 문지르기

새끼손가락의 가장자리를 엄지와 검지를 이용해 위에서 아래로, 아래에서 위로 꾹꾹 눌러준다. 다리의 혈액순환에 도움이 된다.

(9) 검지로 손등 마사지하기

손등의 손가락 뼈 사이사이를 검지로 누르면서 밀어 마사지한다. 스트레스를 받거나 가슴이 답답할 때 해주면 도움이 된다.

(10) 손가락 아래쪽 누르기

새끼손가락 사이에 반대쪽 손의 엄지를 댄다. 눈이 피곤하거나 귀에서 소리가 날 때 눌러주면 효과가 있다.

(11) 엄지와 검지 사이 눌러주기

왼손엄지와 검지 사이의 쑥 들어간 부위에 힘을 줬다 풀었다를 반복한다. 피부트러블에 좋다. 1분간 눌러준다.

6) 발 마사지법

'몸의 축소판'이라 불리는 발은 아픈 곳에 해당하는 부위를 마사지해 주면 통증이 가라앉는다. 엄지로 발을 쓸어 올릴 때는 엄지의 첫 번째 관절을 굽혔다 폈다를 반복하면서 손가락이 걸어가듯 조금씩 밀어낸다. 양발을 똑같은 방법으로 마사지 한다.

(1) 알레르기
발바닥의 가장 움푹 들어간 부위를 발가락 방향으로 천천히 힘주어 쓸어준다.

(2) 편도선염
엄지발가락 아랫부분을 밖에서 안으로 천천히 힘을 주어 쓸어준다.

(3) 결막염
중지발가락 아래쪽에 엄지를 대고 새끼발가락까지 천천히 힘을 주어 쓸어준다.

(4) 위통
발바닥의 움푹 들어간 부위의 아랫부분에 엄지를 댄다. 발가락 방향으로 천천히 힘을 주어 쓸어 올린다.

(5) 가슴앓이
검지발가락 아래쪽의 가장 튀어나온 관절에 발가락 쪽으로 천천히 힘을 주어 통증이 없어질 때까지 쓸어준다.

(6) 설사

발바닥 바깥쪽 아랫부분에 엄지를 대고 가운데 부분까지 힘을 주어 쓸어준다.

(7) 천식

발바닥 가운데를 중지발가락 방향으로 5회 정도 쓸어 올리고, 발바닥 전체를 손바닥으로 쓸어 올린다.

(8) 치질

발뒤꿈치에 손을 대고 가운데 움푹 들어간 부분까지 쓸어 올린다.

(9) 고혈압

발바닥 가운데에 엄지를 대고 새끼발가락 방향으로 천천히 쓸어 올린다.

(10) 심장질환

엄지발가락 바깥부위에 엄지를 대고 발가락 끝쪽으로 쓸어 올린다.

9 뇌기억의 연상기법

1) 뇌기억의 연상 실전게임

(1) 층수박수

1층은 박수 1번, 2층은 박수 2번, 3층은 박수 3번, 4층은 박수 4번,

5층은 박수 5번, 6층은 박수 6번, 7층은 박수 7번 ...

(2) 순서대로 기억하기 (뇌운동)

1은 배, 2는 사과, 3은 바나나, 4는 파인애플, 5는 방울토마토

지금까지 순서대로 기억하고 외쳐요

배, 사과, 바나나, 파인애플, 방울토마토

예 : 꿀, 인삼, 도라지, 카페라떼, 옥수수수염

(3) 기억하자 기억하자 (양손을 앞으로 뻗어준다)

잘 잘 잘! (양손 검지 관자놀이에 댄다)

엄지는 하, 검지는 호, 중지는 히, 약지는 혜, 소지는 허

다같이 순서대로 외쳐보세요. 하, 호, 히, 혜, 허

(4) 짠짠짜

짠짠짜(박수3번) 짠짠짜(박수3번) 손가락을(양손을 차례로 접는다) 말해요
(양손을 편다) 손가락을 말해요?

짠짠짠 짠짠짠 숫자를 말해요(상동) 숫자를 말해요

짠짠짠 짠짠짠 숫자를 더해요(상동) 숫자를 더해요

짠짠짠 짠짠짠 숫자를 더해요(상동) 숫자를 빼세요

(5) 업다운 업다운

업 (양손 손바닥을 위로 올린다)

다운 (양손 손바닥을 아래로 내린다)

업 : 일, 이, 삼, 사, 오, 육, 칠, 팔, 구, 십

다운 : 십, 구, 팔, 칠, 육, 오, 사, 삼, 이, 일

(6) 가위·바위·보

더해봐(주먹) 더해봐 더해봐 더해봐 가위, 바위, 보

오빼봐(손바닥) 오빼봐 오빼봐 오빼봐 가위, 바위, 보

곱해봐(양손 X) 곱해봐 곱해봐 곱해봐 가위, 바위, 보

(주먹 : 1, 가위 : 2, 보 : 5)

(7) 숫자 박수

숫자의 박수로 삼을 만들어, 삼을 만들어

(1, 2) 삼삼삼, (1, 2) 삼삼삼, (1, 4) 오오오, (2, 3) 오오오

(8) 동물원

기억해 기억해 기억해요(무엇이 무엇이 똑같을까)

동물의 명칭을 기억해요.

얼굴은 사자, 머리는 독수리, 귀는 당나귀, 코는 코끼리, 입은 다람쥐, 목은 기린,

손은 물개, 가슴은 고릴라, 배는 캥거루, 다리는 개다리, 발은 오리발, 잘했어

잘했어 잘했어요

(9) 이렇게 이렇게

참새는 짹짹, 닭은 꼬끼오, 오리는 꽥꽥, 강아지는 멍멍

고양이는 야옹야옹, 돼지는 꿀꿀, 염소는 음메음메

송아지는 음~~메 동시에 다같이 이어서 하세요.

(참새는 짹짹, 오리는 꽥꽥~~~).

(10) 다같이 해봐요 요렇게

머리는 0번, 오른쪽 가슴은 1번, 왼쪽 가슴은 2번, 양쪽 가슴은 3번

실버웃음치료

1 웃음의 개념과 정의

웃음은 다양한 생리, 심리적 과정에 따라서 나타나는 감정 반응의 일종으로 주로 안면 표정으로 나타난다. 웃음 자체의 유일한 기능은 긴장으로부터의 해방이다(브리태니커 세계백과, 2004). 또한 유성수(2016)는 '웃음은 우리의 숨소리다. 자신의 마음속의 감정 상태를 얼굴의 표정을 통해서 소리로 전달하는 것이며, 미소는 마음속에 감정 상태를 얼굴의 표정을 통해 입꼬리를 올리는 것'이라고 정의하였다. 류종훈(2007)은 웃음이란 '기쁨의 표현으로 즐거움을 수반한 신체적 자극, 기쁨, 우스꽝스러운 현상으로 웃음유발 요인에 대한 신체적 감정의 자발적인 감정표현으로써, 자신의 심리상태를 신체적으로 나타내는 유쾌한 정신활동의 작용으로 나타나는 감정적 산물'이라고 정의하였다.

4세기의 의사 밀레투스는 '웃음은 그리스어로 겔로스(gelos)이고, 이 말의 어원은 헬레(Hele)인데 그 의미는 건강(Health)이다'라고 하였다. 웃음에는 '웃음 유발 원인에 따라 오감을 자극하여 나타난 신체와 감정의 자발적인 표현으로 신체적으로 얼굴 표정에 기쁨을 수반한 즐거움의 표현, 정신적으로 유쾌한 정신활동의 감정적 산물이다'라고 정의하였다. 노사카 레이코는 웃음의 세 가지 요소를 말했다. 첫째는 밝다, 둘째는 따뜻하다, 셋째는 활기 있다고 말했다.

웃음은 면역기능을 강화시킨다. 로마린다 대학의 리 버크(Lee Berk)와 스탠리 탠(Stanley Tan)은 웃음이 면역 기능에 미치는 긍정적 효과를 입증했다. 미국 인터넷 매체 허핑턴포스트는 매일 웃으면 건강에 좋은 이유 8가지를 소개한다.

첫째, 웃음은 우리 몸에서 세균과 종양이 싸우는 T세포의 활동을 활성화시켜 면역력을 높여준다. 둘째, 웃음은 혈압과 스트레스 호르몬인 코티솔 수치를 낮춰주어 고통을 완화하고 혈당을 안정시켜 준다. 셋째, 웃음은 스트레스가 쌓여 영향을 받는 인체의 완충작용을 하도록 뇌의 화학적 변화를 자극한다. 넷째, 웃음은 칼로리를 태워준다. 다섯째, 웃음은 엔도르핀이 나오게 한다. 여섯째, 웃음은 인체의 오염을 줄여주어 심장, 두뇌, 순환계 건강에 좋다. 일곱째, 웃음은 내부 장기를 마사지해 주어 운동과 비슷한 효과를 가진다. 여덟째, 웃음은 심장, 폐, 횡격막, 복부 등 가벼운 운동을 한 효과를 준다. 하지만 억지로 웃어도 좋은 효과를 주기 위해서는 긍정적인 생각, 밝은 표정, 적극적인 행동으로 웃을 때 더 효과적이다.

또한 웃음은 뇌에도 영향을 받는다. 뇌에서 엔도르핀 분비가 촉진되고 모르핀 분비가 증가되어 기억력이 향상되고 긴장이 완화된다고 한다. 심장엔 스트레스 호르몬 분비가 억제되어 혈압, 혈당이 정상치가 유지되며 혈액순환이 개선된다. 폐에는 신경조직 이완을 통해 폐 속 깊은 곳까지 신선한 산소가 공급된다. 위와 간, 대장 등 소화 기관에는 바이러스 저항력을 증가시켜 각종 소화기 암을 예방해 준다고 한다. 웃으면 혈액에는 면역기능 증가, 암세포 공격, 콜레스테롤 중성지방 수치를 감소시켜 건강하게 한다. 웃는 사람이 실제로 웃지 않는 사람보다 오래 산다. 웃음은 감정도 전염시킨다. 슬픈 사람 옆에 있으면 슬퍼지고, 기쁜 사람 옆에 있으면 기뻐지며, 행복한 사람 옆에 있으면 행복해진다.

2 웃음치료의 정의

　미국 웃음치료협회(AATH : American Association for Therapeutic Humor)는 웃음치료에 대해 일상 속에서의 즐거운 경험 표현들을 이용해서 대상자의 안위와 건강을 증진시키는 활동이라고 정의하고 있다. 웃음자체만으로도 우리의 삶에 강력한 치료적 효과를 가져다준다고 주장하고 있다(Goodheart, 1994; Klein, 1987; Wilson, 2004). 즉, 웃음치료란 웃음을 통하여 신체적, 심리적, 사회적, 정신적, 영적기능을 유지, 또는 회복, 예방하여 바람직한 삶을 영위하고 긍정적이고 적극적인 삶을 살아가는데 목적이 있다.

3 웃음치료의 필요성

① 웃음은 긍정적인 생각을 하게 한다.

② 웃음은 성격과 밝은 얼굴을 만들게 한다.

③ 웃음은 긍정적이고, 적극적인 생각을 하게 한다.

④ 웃음은 인생을 즐겁고, 신나게 만든다.

⑤ 웃음은 상대를 이해하고 배려하게 한다.

⑥ 웃음은 마음에 여유를 갖게 한다.

⑦ 웃음은 인간관계의 친밀감을 좋게 한다.

⑧ 웃음은 자신감과 열정을 갖게 한다.

⑨ 웃음은 나와 더불어 다른 사람을 행복하게 해준다.

⑩ 웃음은 우리의 삶에 희망을 갖게 한다.

4 웃음의 종류

① 미　　소 : 소리를 내지 않고 웃는 웃음

② 홍　　소 : 크게 입을 벌리고 떠들썩하게 웃는 웃음

③ 대　　소 : 크게 입을 벌리고 큰 소리로 웃는 웃음

④ 폭　　소 : 웃음이 갑자기 세차게 터져 나와 웃는 웃음

⑤ 박장대소 : 손뼉을 치며 크게 웃는 웃음

⑥ 뱃살대소 : 두 손 바닥으로 배를 두드리며 웃는 웃음

⑦ 포복졸도 : 바닥에 눕거나 뒤로 쓰러져가며 웃는 웃음

⑧ 요절복통 : 허리가 끊어지고 배를 움켜잡고 웃는 웃음

5 웃음치료의 효과

1) 웃음치료의 신체적 효과

신체적 효과는 심박동수, 혈압, 호흡수가 증가한다. 웃음이 사라진 후 이완기가 이루어진다. 혈압은 하강하고 전신순환, 소화촉진, 체내 포화산소가 증가되어 스트레스와 연관된 각종 신체증상을 감소시킨다(Fry & savin, 1988). 웃음은 심혈관계, 호흡계, 근골격계에 영향을 미쳐 전신운동에도 효과가 있으며, 위장, 가슴, 근육, 심장까지 움직이게 만들어 상체에 상당한 운동효과를 가져온다.

2) 웃음치료의 심리적 효과

웃음은 마음의 심리적인 긴장이나 스트레스를 감소시켜 놀람, 불안과 우울, 분노, 초조, 짜증 등에서 벗어나는데 탁월한 역할을 수행하고 심리적으로 긍정적인 영향으로 마음에 안정을 준다.

3) 웃음치료의 생리적 효과

미 아리조나주의 패트릭 플래너갠(Patrick Flanagan) 박사는 웃음이 체내의 안전 벨브이고, 스트레스 호르몬을 감소시키고 엔돌핀 같은 유익한 호르몬을 대량 생성한다고 말한다. 또한 미시간대 심리학 교수 로버트 자니언은 웃을 때 전신이 이완되고 질병을 고치는 화학물질이 혈류로 들어가기 때문에 인체는 자연스러운 균형 상태로 돌아가게 한다고 하였다.

4) 웃음치료의 정서적 효과

뇌가 관장하는 정서는 소화계, 호흡계, 순환계, 심장, 호르몬, 면역계 등 신체의 거의 모든 기관에 영향을 미치고 있는데, 정서가 바로 질병의 예방계획에 있어서 중요한 지표로 기여할 것이다 (Cousins, 1992).

5) 웃음치료의 사회적 효과

웃음을 나눔으로써 친밀감, 소속감, 책임감, 우호감을 증진시킬 수 있고, 웃음이 안전한 매개 역할을 하고 사회적인 수용 가능성이 있으며 주의 집중과 정보 전달로 대인관계에서 발생하는 불편을 감소시킬 수 있다(정종순, 2007). 또한 웃음을 나눔으로써 친밀감, 소속감, 따스함, 우호감을 증진시킬 수 있다(Browning와 Mcgrath, 1983). 한편 웃음은 새로운 환경이나 사람과의 상호관계를 호전시켜 사회적으로 소외되는 상황을 감소시키고 긴장과 불안감을 줄여주기도 한다(김애희, 2010).

6 웃음에 관한 학자들의 이론

1) 아리스토텔레스 : 우월론

아리스토텔레스는 다른 사람을 얕보거나 평가 절하하여 우월감을 갖게 될 때 웃게 되는 것으로 외적 환경을 통제하여 자신감을 증진시킨다.

2) 칸트 : 부조화론

웃음이 나오는 것은 긴장된 기대와 결부되어 있다고 보았는데, 즉 긴장된 기대가 아무것도 아닌 것으로 갑자기 전이될 때 웃음이 터진다고 한다. 결과적으로 웃음을 개념과 실제 상황에 불일치가 있다는 것을 갑자기 알게 될 때 웃게 된다고 보았다.

3) 쇼펜하우어와 리스 : 기대론

기대가 상실될 때 웃음이 일어나는 것을 말한다. 웃음이 우열비교에서 생기는 것이 아니라 자기 자신의 생각의 변화에서 생기는 것으로 정의한다.

4) 프로이드 : 해소론

사람들은 어떤 일에 바짝 긴장감 속에 있다가 그 일이 해결됨으로 갑자기 긴장감이 사라지면서 웃음을 통해서 해소되는 것을 말한다.

5) 앙리 배르그송 : 사회론

사회적으로 적응성이 뒤떨어진 현상, 즉 사회적 이탈현상을 통해서 웃음을 만들어 내는 것을 말한다.

7 | 웃음의 비타민

1) 心바람 웃음

"일소 일소 일로 일로(一笑一少一怒一老)"라는 말이 있다. 한번 웃으면 한번 젊어지고, 한번 화내면 한번 늙어진다는 뜻이다. 하루를 살아도 긍정적인 생각, 진취적인 말, 적극적인 행동을 일으키는 원동력은 바로 긍정적인 웃음이다. 캘리포니아주 로마린다 의대의 심장 전문의 존 코킨 박사는 "어린아이들은 하루에 평균 4백번을 어른은 겨우 15번을 웃는다"고 한다. 그 이유는 부정적인 생각보다 긍정적인 생각 때문이다. 긍정적인 웃음은 자신의 건강 뿐 아니라 성공에도 밀접한 관계가 있다, 웃는 사람은 상대에게 좋은 평가를 받고 원만한 대인관계 형성에 도움이 된다. 미국 하버드 대학의 니컬러스 크리스타키스 교수와 캘리포니아대 제임스 파울러 교수는 21~70세의 성인 5,124명을 대상으로 조사한 결과 행복감을 느끼는 친구가 1.6km 안에 살면 자신의 행복감이 25% 늘어나고, 행복감을 느끼는 이웃이 옆에 살면 34%, 행복감을 느끼는 형제자매가 근처에 살면 14% 행복감이 높아지는 것으로 나타났다. 웃음은 나의 행복지수를 높이는 디딤돌이 되는 것이다.

① 혼자 웃을 때 보다 여럿이 함께 웃으면 33배 효과가 있다.

② 잘 웃으면 8년을 더 살 수 있으며 늘 감사하고 칭찬하고 긍정적이면 6년을 회춘한다고 한다.

③ 여자가 남자보다 7.1년 오래 사는 이유는 자주 웃기 때문이다.

④ 얼굴이 굳어있거나 깊은 고민에 빠지는 사람은 수명이 짧다.

⑤ 서양속담에 웃음은 내면의 조깅이다. 웃음은 동서양을 막론하고 묘약이며 명약이라 말한다.

2) 身바람 웃음

스웨덴의 노먼 커즌즈 박사는 환자가 10분간 통쾌하게 웃으면 두 시간동안 고통 없이 편안한 잠을 잘 수 있다고 말한다. 웃음은 병균을 막는 항체인 '인터페론 감마'의 분비를 증가시켜 바이러스에 대한 저항력을 키워주며 세포 조직의 증식에 도움을 주는 것으로 밝혀졌다. 웃음은 스트레스와 분노, 긴장의 완화로 심장마비를 예방하고 뇌졸중의 원인이 되는 순환계의 질환을 예방한다고 한다. 사람의 몸속에 하루 5,000~1만 개의 암세포가 발생하지만 암에 걸리지 않는 것은 면역체계 덕분이다. 웃으면 면역체계가 강화된다고 한다.

(1) 미국 인디아나주 볼 메모리얼 병원
웃음은 스트레스 호르몬인 코티졸의 양을 줄여 주고 몸에 유익한 호르몬을 많이 분비함으로 더 오래 산다.

(2) 미국 UCLA대학 병원의 프리드 박사
하루 45분 웃으면 고혈압이나 스트레스 등 현대적인 질병도 치료가 가능하다.

(3) 스위스 바젤 웃음 국제 학술회의 보고서에 의하면 독일인이 40년 전에 비해 하루 웃는 횟수가 3분의 1로 줄었고, 어린이가 하루 400회 웃는데 비해 성인은 15회 밖에 되지 않는다고 지적하면서 웃음 부족이 성인건강에 나쁜 영향을 미치고 있다고 지적한다.

(4) 미국 스탠포드 대학 윌리엄 프라이 박사는 쾌활하게 웃으면 우리 몸속의 650개 근육 중에서 231개의 근육이 움직인다고 한다. 웃음은 에어로빅 5분 효과, 1분을 웃으면 10분의 운동효과가 있다고 한다.

(5) 일본 오사카 대학원 신경 강좌 팀은 웃음은 몸이 항체인 T세포와 NK(내추럴 킬러) 세포 등 각종 항체를 분비시켜 더욱 튼튼한 면역체를 갖게 한다. 호쾌하게 웃으면 암세포를 제거하는 NK세포가 움직임이 활성화 시킨다는 사실을 확인했다. 코미디 프로를 보면 NK세포 활성화율은 3.9% 높아지고 교양 프로를 보면 3.3% 감소한다.

3) 新바람 웃음

웃음에 관한 국제학술대회가 스위스 바젤(98.10.9)에서 열렸는데 이 회의에서 독일인 정신과 의사인 미하엘 티체 박사는 웃음이 스트레스를 진정시키고, 혈압을 낮추고, 혈액순환을 개선하고, 면역체계와 소화기관을 안정시킨다고 하면서 그 이유는 웃을 때 통증을 진정시키는 호르몬이 분비되기 때문이라고 말했다. 또한 미국 펜실베이아 대학 마틴 셀리즈 맨 교수는 심장마비를 겪었던 사람 중 8년 이내에 두 번째 심장 마비가 온 32명을 분석했다. 그 결과 인생을 비관적으로 산 사람은 16명 중 15명이 사망했으나, 웃고 즐기며 사는 사람은 16명중 5명만 사망했다는 사실을 밝혀냈다. 과학적으로 입증된 웃음의 효과는 크게 세 가지이다. 첫째, 인체 면역력을 높여 준다. 둘째, 암세포를 죽이는 인체 내 자연 살해 세포를 활성화시킨다. 셋째, 스트레스 경감효과에 도움이 된다.

① 나는 울지 않기 위해 웃어야 한다. - 아브라함 링컨

② 웃는 사람은 산다. - 노르웨이 속담

③ 인간은 울고 웃을 수 있는 유일한 동물이다. - 윌리엄 해즐릿

④ 웃음은 두 사람 사이의 가장 가까운 거리이다. - 빅터 보르게

⑤ 당신이 웃고 있는 한 위궤양은 악화되지 않는다. - 패티우텐

⑥ 가정의 웃음은 가장 아름다운 태양이다. - 새커리

⑦ 마지막 웃는 자가 가장 잘 웃는 자이다. - 존 반드로 경

⑧ 근무 시간에 웃지 아니한 시간은 낭비한 시간이다. - 세바스티안 참 포트

⑨ 많이 웃는 사람은 행복하고, 많이 우는 사람은 불행하다. - 쇼펜하우어

⑩ 미소는 가장 강렬한 영향력을 주는 유일한 것이다. - 디어도어 루빈

8 시니어 이미지 메이킹

현대사회에서 외모는 상대방에 대한 정보를 제공하는 비언어적 단서로 그 사람의 첫인상을 형성하는 데 중요한 역할을 한다. 외모는 그 시대에 맞는 이상적인 미의 기준에 의해 판단되기 때문에 적절한 이미지를 창출하는 것이 필요하다. 사람들은 하루 중 자신의 얼굴을 보는 시간이 10분도 채 되지 않는다. 대부분의 시간을 다른 사람을 보게 된다.

얼굴은 그 사람의 마음을 나타낸다. 얼굴의 개념은 무엇일까? 얼굴은 마음속의 감정상태가 얼굴을 통해 전달하는 것이다(유성수, 2016).

'얼굴'의 뜻을 보면 '정신', '혼', '영혼'이라는 뜻으로 '얼'자와 '굴', '꼴', '모양'이라는 뜻의 '굴'자의 합성어로 얼굴은 '정신을 담는 그릇'이라는 뜻이다. 얼굴 이미지는 한 개인을 구별·판단하는 기초적인 단서이고, 상호작용의 인간관계의 통로가 된다. 또한 얼굴은 한 사람의 이미지를 가장 잘 대표하는 곳이다.

얼굴 이미지는 사람들의 여러 특징 중에서도 그 사람의 성별, 나이, 생각, 성격, 인품, 교양 등을 나타내는 곳이기도 하고, 직업이나 성장이력, 교육수준, 역할, 신분, 가치기준, 능력, 심리 상태 등을 엿볼 수 있는 곳이다. 링컨은 '사람의 나이 40이 되면 자신의 얼굴에 책임을 져야 한다'고 말하였고, 발자크는 얼굴은 '한권이 책이요, 한권의 풍경이다'라고 말했다. 또한 젊은이의 웃음은 예술품이요, 노년의 얼굴은 걸작품이다(와와액티브리더십교육원).

사람들은 짧은 순간동안 상대방에 대한 인상을 결정하고 그 인상을 오래 기억한다. 이것을 심리학에서는 초두효과(Primacy Effect)라고 하는데 먼저 입력된 정보가 나중의 것보다 더 강한 영향력을 발휘한다는 것이다. 이러한 첫인상은 주로 5초안에 정해지는데 미국인들은 15초, 일본은 7초, 이에 반해 우리나라 사람들은 단 3초 만에 첫인상을 결정지으며 한번 각인 된 첫인상을 바꾸기 위해서는 최소 60번의 만남이 필요하다고 한다(하라다레이지, 2011: 69).

1) 얼굴의 이미지 특성

얼굴 이미지는 다양한 의미만큼 특성도 다양하다. 그 특성을 5가지로 나누어 볼 수 있다.

(1) 유일성이다.

내 얼굴은 세상에서 유일한 것이며, 나와 비슷한 사람은 있어도 나와 똑같은 사람은 없다.

(2) 다양성이다.

각자의 개성이 모두 다른 특별한 존재이므로 나와 타인을 수용하고 이해하며 존중하는 자세가 필요하다.

(3) 보편성이다.

얼굴의 표정은 보편적인 의미를 지닌 세계 공통의 언어이다. 얼굴 표정은 상대방의 심리나 감정을 이해할 수 있으며, 같은 상황을 보면서 표출되는 표정 또한 비슷하다.

(4) 예측성이다.

얼굴을 통해 상대방의 심리나 성격 및 성별, 나이, 직업, 생활수준, 인품, 능력 등을 예측할 수 있다. 얼굴만 보면 상대방의 내면과 특성을 예측할 수 있다.

(5) 전염성이다.

한 사람의 얼굴 이미지가 어떠냐에 따라 보는 사람의 기분이나 정서에 즉각적인 영향을 미친다.

2) 얼굴을 통한 첫인상 형성

얼굴은 생김새도 중요한 요소이지만 무엇보다 더 중요한 것은 표정이다. 마음속의 감정 상태를 얼굴을 통해 나타내는 것을 표정이라고 한다. 표정은 상태를 표현하는 제1의 비언어 커뮤니케이션이다.

표정은 웃는 표정과 우는 표정, 무표정, 찡그린 표정 등 상황과 장소, 기타 여러 가지 조건들로 인해 각각 다르게 나타난다. 표정은 마음을 보여주는 거울이라고 하듯 내면의 심리를 그대로 반영한다.

표정은 2초 정도 지속되며, 짧으면 0.5초, 길면 4초씩 지속되는 경우도 있지만, 그보다 짧거나 긴 경우는 드물다. 표정의 지속 시간은 대개 감정의 강도에 비례하며, 아주 짧으면서 강한 표정은 그 사람이 감정을 숨기고 있다는 뜻이다. 표정 연출의 요소는 눈썹, 시선, 감정, 입꼬리 등으로 알 수 있다.

3) 첫인상의 영향력 5가지

첫인상에 관련된 효과는 4가지가 있다. 초두효과, 후광효과, 반발효과, 맥락효과이다. 첫째, 초두효과란 처음 입력된 정보가 나중에 습득하는 정보보다 더 강한 영향력을 발휘하는 것을 말한다. 둘째, 후광효과는 어떤 대상이나 사람에 대한 일반적인 견해가 그 대상이나 사람의 구체적인 특성을 평가하는 데 영향을 미치는 현상을 말한다. 셋째, 반발효과는 첫인상이 좋지 않았더라도 첫인상과 달리 반복해서 진지하고 솔직한 모습을 보여주면 좋은 인상으로 점차 바뀔 수 있다는 뜻이다. 넷째, 맥락효과는 처음에 알게 된 정보에 나중에 알게 된 새로운 정보들의 지침을 만들고 전반적인 맥락을 제공하는 것을 말한다.

4) 표정을 만드는 근육

표정을 만드는 안면근육은 눈, 코, 입술, 주변을 기준으로 분포되어 있으며, 각 근육별 기능은 다음과 같다.

① 전두근 : 눈썹 위에서 세로로 뻗어 있는 근육으로 눈썹을 올리고 이마에 주름을 만드는 근육

② 추미근 : 미간의 세로 주름을 만드는 작용을 하는 근육

③ 안륜근 : 눈 주위를 둘러싼 근육으로 눈을 뜨거나 감기게 하는 근육

④ 대협골근 : 입을 크게 벌리고 웃을 때 입가가 크게 올라가게 잡아 당겨주는 근육

⑤ 소협골근 : 입가를 비스듬히 위로 올려 웃는 얼굴을 만드는 데 중요한 근육

⑥ 협근 : 아래위턱의 관절부터 입 양쪽을 향해 뻗어 있는 근육

⑦ 교근 : 음식을 씹을 때 턱을 닫는 근육

⑧ 소근 : 입아귀를 양쪽으로 늘리는 근육

⑨ 구각하제근 : 입아귀를 아래로 비스듬하게 잡아당기는 근육

⑩ 구륜근 : 입아귀를 둥근 원의 상태로 싸고 있는 근육

5) 얼굴 근육을 깨우는 스마일 웃음

① 농협 스마일 : 도라지

② 수협 스마일 : 도다리

③ 축협 스마일 : 치-즈

④ 군인 스마일 : 엄-니

⑤ 간호사 스마일 : 주사기

⑥ 술집 스마일 : 위스키

⑦ 슈퍼 스마일 : 쿠-키

⑧ 농촌 스마일 : 시금치

9 웃음의 실전게임

1) 웃음의 실전게임

(1) 웃음의 파도!

① 짠짠! 달라집니다

② 짠짠! 바꿔집니다

③ 짠짠! 소리납니다

④ 뿡!

(2) 웃음의 파도!

① 덩실덩실 덩실덩실

② 둥실둥실 둥실둥실

③ 출렁출렁 출렁출렁

④ 웃음의 파도타, 웃음의 파도타 하하하하

(3) 쿵딱 쿵딱

① 쿵딱 쿵딱 쿵딱 쿵딱 머리를 치고

② 쿵딱 쿵딱 쿵딱 쿵딱 가슴를 치고

③ 쿵딱 쿵딱 쿵딱 쿵딱 손뼉을 치고

④ 쿵딱 쿵딱 쿵딱 쿵딱 다리를 쳐요

⑤ 머리(하), 어깨(호), 손뼉(헤), 다리(히)

(4) 마음 문을 활짝

① 오른손을 뻗어 오른손을 뻗어 악수하세요

   ○ ○ ○, ○ ○ ○ 내 이름은 ○ ○ ○

② 마음 문을 활짝 마음 문을 활짝 열어주세요

   하하하 호호호 기분 좋게 웃어요

(5) 웃어요

① 얼굴 보면서 웃어요

② 박수 치면서 웃어요

③ 악수 하면서 웃어요

④ 안아 주면서 웃어요 하하하~~~~~~~

(6) 힘줘

① 엉덩이 힘주고

② 뱃살에 힘주고

③ 양손에 힘주고

④ 미친 듯이 미친 듯이 웃자~~~~

(7) 찰칵찰칵

① 사진을 찍자, 사진을 찍자

② 귀여운 얼굴 찍자!

③ 예쁜 얼굴 찍자!

④ 멋있는 모습 찍자!

　　하나, 둘, 셋 푸하하하~~~

(8) 보약웃음

① 묻지도 말고

② 따지지도 말고

③ 먹어두면 약이 됩니다

④ 한손잡는 한약

⑤ 양손잡는 양약

⑥ 보면 웃는 보약

⑦ 여러분 보약 한재 선물합니다 푸하하하~~

(9) 묻지 마세요.

① 고단하십니까

② 우울하십니까

③ 사는게 힘듭니까

④ 묻지도 말고, 따지지도 말고

⑤ 일어서 팔팔 일어서 팔팔

⑥ 웃게 해드립니다 훅~~~~~~

(10) 참 좋아

① 참 좋아, 참 좋아

② 참참 좋아좋아, 참참 좋아좋아

③ 좋아좋아좋아좋아 난네가 좋아

④ 표정이 좋아, 웃는게 좋아 웃어봐~~~

(11) 그냥 웃어

① 웃어(봐)~봐주세요

② 웃어(줘)~저주세요

③ 웃어(조)~좋아해요

④ 웃었(니)~니맘대로 웃어요 하하하~~~~

(12) 좋아요 웃어요

① 좋아요 좋아요 당신이 와서 좋아요

② 기똥차게 기분 좋게 좋아요 좋아요

③ 웃어요 웃어요 당신과 함께 웃어요

④ 박장대소 뱃살대소 웃어요 웃어요

(13) 짠짠짠

① 짠짠짠 5손가락으로 웃겨드립니다

② 짠짠짠 4손가락으로 웃겨드립니다

③ 짠짠짠 3손가락으로 웃겨드립니다

④ 짠짠짠 2손가락으로 웃겨드립니다

⑤ 짠짠짠 1손가락으로 웃겨드립니다

(14) 있을 때

① 있을 때 잘해 후회하지 말고

② 있을 때 말해 주저하지 말고

③ 가까이 있을 때 양손을 붙잡고

④ 얼굴을 보며 크게 한번 웃어

⑤ 웃어 웃어 웃어봐! 하하하~~~

(15) 웃어주세요

① 행복을 깨울 땐 감사하세요

② 육체를 깨울 땐 운동하세요

③ 정신을 깨울 땐 웃어주세요

④ 다같이 박수치며 웃어주세요 하하하~~~~

(16) 웃어요

① 박수를 치면서 다같이 웃어요

② 너도나도 기분 좋게 입꼬리 올리고

③ 온몸을 흔들며 다같이 웃어요

④ 배꼽잡고 쓰러지도록 즐겁게 웃어

(17) 쿵짜라 짜짜

① 쿵 짜라 짜짜, 쿵 짜라 짜짜

② 미소 들어간다 웃음 들어간다

③ ok ok 푸하하하하

(18) 최고로 사는 건

① 기쁘게 사는 건 웃음이 최고

② 신나게 사는 건 노래가 최고

③ 행복하게 사는 건 감사가 최고요

④ 사랑하며 사는 건 이해가 최고

⑤ 오래오래 사는 건 운동이 최고

⑥ 기분 좋게 사는 건 칭찬이래요

(19) 짠짠 짜지잔

① 짠짠 짜자잔, 짠짠 짜자잔

② 웃어 봐! 웃어 봐! 웃긴다 웃긴다 하하하하~~~

(20) 기분 좋게 웃자

① 오늘만큼 웃어요 오래도록 웃어요

② 활짝 활짝 웃어요 배를 잡고 웃어요

③ 기분 좋게 웃어요 박수치며 웃어요

(21) 축하합니다

① 기분 좋게 웃어요 기분 좋게 웃어요

② 사랑하는 얼굴로 기분 좋게 웃어요

③ 축하 축하 축하합니다 축하 축하 축하합니다

④ 사랑하는 얼굴로 기분 좋게 웃어요

(22) 웃어봐요 웃어요

① 웃어봐요 웃어요 웃어보세요

② 웃어봐요 웃어요 웃어보세요

③ 다같이 웃을 때 신나게 웃어보세요

④ 박수를 치면서 웃어요 신나게 웃어보세요

⑤ 온몸을 흔들 흔들어 웃~어~야지

⑥ 얼굴을 펴고 웃으면 기분 짱이야

⑦ 웃어봐요 웃어요 웃어보세요

⑧ 웃어봐요 웃어요 웃어보세요

(23) 웃어보세

가. 웃고가

① 웃어 보세, 웃어 보세

② 우리 모두 함께 어 얼싸 웃어나 보세

③ 웃으면은 아 좋네 행복하네

④ 에헤야 행복이 굴러오네

나. 웃어줘

① 나도 웃고, 너도 웃고

② 모든 사람들이 어 얼싸 기분이 좋네

③ 박수 치며 아 좋네 노래 하네

④ 에헤야 신바람 나는구나

(24) 하하 호호

① 웃을 때는 활짝 웃어요, 마음열고 기분 좋게

② 크게 웃고요, 길게 웃고요, 온몸으로 웃어봅시다

③ 하하하하, 호호호호, 하하하하 호호호호

④ 할아버지 웃고요, 할머니 웃고요 우리 모두 웃어봅시다

(25) 웃고 삽시다

① 태어날 땐 울었지만 인생 끝은 웃어야지

② 지난세월 후회말고 멋진 청춘 만들어요

③ 얼굴피면 팔자피고 인생피면 대박나네

④ 지금부터 신이나게 웃어봅시다.

⑤ 하하호호히히헤헤 하하호호히히헤헤 웃고 삽시다

⑥ 하하호호히히헤헤 하하호호히히헤헤 웃고 삽시다

(26) 웃음선언

① 나 ○○○는(자기이름) 웃음을 선언합니다.

② 나에게 주어진 시간, 나에게 주어진 삶을 위해 나는 웃는다.

③ 대한민국이 건강해지는 그날까지 나는 웃는다.

④ 웃는 세상이 될 때까지 나는 웃는다.

⑤ 더 크게, 더 즐겁게, 더 신나게

⑥ 오늘부터 웃는다. 지금부터 웃는다. 준비~~시작~~하하하~~~

(27) 웃음 명령어

① 한번 웃으면 한번 젊어지고 한번 화내면 한번 늙어진다.

② 한번 웃으면 인상이 변하고 하루 웃으면 인격이 변한다.

③ 한 번의 미소는 사람을 알게 되고, 한 번의 웃음은 사람이 다가온다.

④ 노년에 웃음은 자손에게 복을 주고, 노년에 슬픔은 자손에게 근심 준다.

⑤ 얼굴은 타고나지만 표정은 만들어지고, 태어날 땐 울었지만 삶의 끝은 웃고 가자.

웰다잉의 핵심 세 가지
삶! 숨? 쉼,

1 웰다잉의 정의

1) 웰다잉이란?

요즘 100세 시대에 '웰다잉(Well Dying)'이 화두다. 사람이 사람답게 사는 것을 웰빙(well Being)이라 하고, 사람이 사람답게 죽는 것을 웰다잉(Well Dying)이라고 한다. 그 중간에 사람이 사람답게 늙는 웰에이징(Well Aging)이 있다.

사전적 의미로 'well'은 잘, 좋게, 아주, 상당히 등의 의미를, 'dying'은 죽는다는 의미를 지녔다. 즉, 웰다잉은 잘 죽는다는 의미로 사회적, 신체적, 정신적, 영적 영역이 공존되어 인간으로서의 존엄을 지키면서 주변정리를 잘하고, 편안한 마음으로 삶을 마무리 하는 것을 의미하며 좋은 죽음, 존엄사(dying with dignity)로 개념화 할 수 있다. 또한 웰다잉이란 죽음을 두렵고 불행한 것으로 보는 것이 아니라 삶을 아름답게 마무리하는 순간으로 생각하는 개념을 말한다.

2) 웰다잉교육에 대한 인식

웰다잉교육은 언제 어디서 어떻게 다가올지 모르는 죽음을 의식하면서 매사에 최선을 다해 자신의 주어진 삶의 시간을 의미 있게 영위함으로써 죽음을 편안히 받아들이기 위해서 교육이 필요하다. 또한 삶의 시간이 제한되어 있음을 깨닫고 지금 자신의 삶과 앞으로의 삶을 생각해 보기 위한 것이다.

웰다잉은 인간이 죽어가는 존재라는 사실을 좀 더 부각시킴으로써 죽음을 보다 잘 준비하고자 하는 바람을 표면화한 용어를 말한다. 즉 웰다잉(Well Dying)은 죽음의 질적 차원을 높이려는 시도라 볼 수 있다.

죽음준비교육이란 죽음, 죽음의 과정, 사별과 관련된 모든 측면의 교육을 포함하는 것으로, 죽음과 관련된 주제에 대한 지식, 태도, 기술이 학습되는 과정을 의미한다.

2 삶! 숨? 쉼,의 인생

우리 인생은 태어나는 순간 숨에서 삶으로, 삶에서 쉼으로 인생의 여정을 보내게 된다. 우리 인생에 있어서 숨이란 무엇일까? 숨이란 생명의 탄생이요, 시간의 시작이다. 숨은 부모에게 의존하며 보내는 시기를 말한다. 부모가 자녀를 챙겨주는 시기이기도 하다.

삶이란 무엇인가? 삶이란 어제와 다른 내가 더 나은 것으로 성장과 성취의 시기를 말한다. 스스로 자신의 삶을 만들어가는 시기이다.

쉼이란 무엇인가? 쉼이란 어제의 사건으로 되돌리며, 후회와 회상의 시간을 보내게 된다. 자녀가 부모를 돌보는 시기를 말한다.

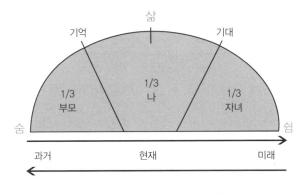

〈그림 9-1〉삶! 숨? 쉼,의 인생라이프

3 웰다잉법 논의 일지

1997년 12월 4일	사망 가능성이 큰 환자를 퇴원시켜 죽음에 이르게 한 혐으로 의사가 고발당한 '보라매병원 사건' 발생, 대법원, 해당 의사에게 살인죄 공범으로 유죄 판결
2008년 2월 15일	김모 할머니(당시 76세) 연세대 세브란스병원 입원, 3일 후 폐조직 검사 중 과다출혈로 의식불명
2008년 5월 10일	김 할머니 가족, 무의미한 연명치료 중단 가처분신청, 이후 인공호흡기 제거해 달라는 본안 소송 제기
2008년 11월 28일	법원 "인공호흡기 제거" 판결, 이후 병원 측 항소(12월 18일)와 항소 기각(2009년 2월 10일)
2009년 5월 21일	대법원 "인공호흡기 제거" 판결, 이후 세브란스병원 인공호흡기 제거
2013년 7월 31일	국가 생명윤리심의 위원회, 무의미한 연명의료 중단에 대한 권고안 마련, 입법화 권고
2015년 12월 8일	국회 보건복지위 법안심사소위 "웰다잉법"의결
2016년 1월 8일	웰다잉법, 국회법사위 및 본회의 통과
2018년 2월 4일	웰다잉법 적용

4 연명의료결정 제도의 개요

1) 배경

(1) 1997년 환자에 대한 의학적 판단과 돌봄의 의무에 근거하지 않고, 가족의 부당한 퇴원 요구에 응한 의료진이 환자의 인공호흡기 착용을 중단함으로써 환자가 사망에 이른 보라매 사건에 해당 의료인에게 살인 방조죄가 적용되면서 의료계는 연명의료 중단과 관련하여 소극적이고 방어적인 태도를 취하게 되었고, 환자 가족의 결정에 의한 연명의료 유보의 비율이 증가하게 되었다.

(2) 김할머니 사건을 통해, 의학적으로 회생가능성이 없는 환자라면 해당 환자가 남긴 사전의료지시나 환자가족이 진술하는 환자의 의사에 따라 연명치료를 중단하는 것이 가능하다는 판결이 2009년에 내려졌음에도 불구하고 여전히 의료계는 연명의료 중단에 대해서 소극적인 태도를 유지하고 있다.

5 법률의 주요 내용

1) 사전연명의료의향서

「호스피스·완화의료 및 임종과정에 있는 환자의 연명의료결정에 관한 법률」 제12조에 따라 19세 이상인 사람이 자신의 연명의료중단등결정 및 호스피스에 관한 의사를 직접 문서로 작성한 것을 말한다.

<표 9-1> 사전연명의료계획서

	사전연명의료의향서	연명의료계획서
대상	19세 이상의 성인	말기환자 등 (말기환자 또는 임종과정의 환자)
작성자	본인이 직접	환자의 요청에 의해 담당의사가
설명의무	사전연명의료의향서 등록기(상담자)	담당의사
등록	사전연명의료의향서 등록기관	의료기관
통보	국립연명의료관리기관	국립연명의료기관
환자의 의사	본인의 명시적 의사 환자 의사의 추정	본인의 명시적 의사

2) 연명의료계획서

말기환자 등의 의사에 따라 담당의사가 환자에 대한 연명의료중단등결정 및 호스피스에 관한 사항을 계획하여 문서로 작성한 것을 말한다.

3) 임종과정

회생 가능성이 없고 치료에도 불구하고 회복되지 아니하며, 급속도로 증상이 악화되어 사망에 임박한 상태를 말한다.

4) 임종과정에 있는 환자

제16조에 따라 담당의사와 해당 분야의 전문의 1명으로부터 임종과정에 있다는 의학적 판단을 받은 자를 말한다.

5) 연명의료

임종과정에 있는 환자에게 하는 심폐소생술, 혈액투석, 항암제 투여, 인공호흡기 착용의 의학적 시술로서 치료효과 없이 임종과정의 기간만을 연장하는 것을 말한다.

(1) 심폐소생술
심장마비가 발생하면 심장박동과 호흡이 멈추면서 온 몸으로 혈액 공급이 중단되는데, 이 때 가슴압박과 인공호흡을 시행함으로써 정지된 심장을 대신해 심장과 뇌에 혈액을 공급하는 응급처치법이다.

(2) 혈액투석

신장(콩팥)은 혈액 속의 노폐물을 걸러내 소변으로 배출시키는 기능을 수행하는데, 이 기능에 이상이 생긴 말기 신부전 환자에게 의료기기를 사용하여 혈액 속 노폐물이 배출되게 하는 의학적 시술, 일반적으로 인공적인 혈관 통로를 통해서 몸 속 피를 일부 뽑아 그 속의 찌꺼기를 거른 다음 깨끗해진 피를 다시 넣어주는 과정을 일정 시간 지속한다.

(3) 항암제투여

암을 축소, 억제, 제거하기 위해 약물을 사용하는 의학적 시술로서, 암의 종류와 진행 정도에 따라 다양한 방법이 존재, 항암제는 암세포에만 선택적으로 작용하는 것이 아니라 정상세포에도 손상을 입히기 때문에 위장장애, 탈모증 등 여러 가지 부작용을 동반한다.

(4) 인공호흡기

스스로 정상적인 호흡을 할 수 없는 호흡부전 환자에게 인공적인 방법으로 호흡을 도와주는 방법, 일반적으로 기도 확보를 위해 튜브를 삽입 하는 기관 내 삽관이 필요한데, 이는 환자에게 상당한 고통과 통증을 유발할 수 있기에 진정제 및 진통제 등의 약물이 함께 사용된다.

6) 연명의료중단등결정

연명의료중단결정이란? 임종과정에 있는 환자에 대한 연명의료를 시행하지 아니하거나 중단하기로 하는 결정을 말한다.

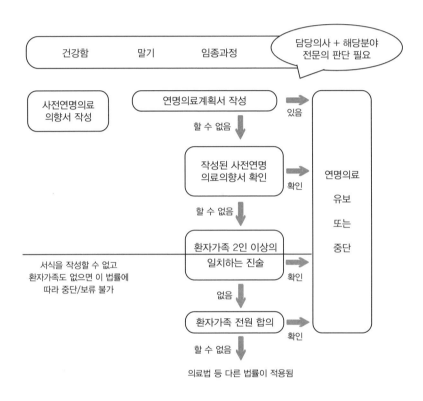

자료 : 보건복지부(2017. 12.), 연명의료결정제도 안내.

〈그림 9-2〉 연명의료중단등결정 절차

7) 말기환자

 적극적인 치료에도 불구하고 근원적인 회복 가능성이 없고, 점차 증상이 악화되어(중략) 담당의사와 해당 분야의 전문의 1명으로부터 수개월 이내에 사망할 것으로 예상되는 진단을 받은 환자(암, COPD, AIPD, 간경화증)를 말한다.

8) 호스피스 - 완화의료

 말기환자 등과 그 가족에게 통증과 증상의 완화 등을 포함한 신체적, 심리사회적, 영적 영역에 대한 종합적인 평가와 치료를 목적으로 하는 의료를 말한다.

6 사전연명의료의향서 작성

■ 호스피스·완화의료 및 임종과정에 있는 환자의 연명의료결정에 관한 법률 시행규칙 [별지 제6호 서식]

<table>
<tr><td colspan="4" align="center">사전연명의료의향서</td></tr>
<tr><td colspan="4">※ 색상이 어두운 부분은 작성하지 않으며, [   ]에는 해당되는 곳에/✔ 표시를 합니다.</td></tr>
<tr><td>등록번호</td><td colspan="3">※ 등록번호는 등록기관에서 부여합니다.</td></tr>
<tr><td rowspan="3">작성자</td><td colspan="2">성명 :</td><td>주민등록번호 :</td></tr>
<tr><td colspan="3">주소 :</td></tr>
<tr><td colspan="3">전화번호 :</td></tr>
<tr><td>연명의료중단등결정
(항목별로 선택합니다)</td><td colspan="3">[   ] 심폐소생술   [   ] 인공호흡기 착용
[   ] 혈액투석   [   ] 항암제 투여</td></tr>
<tr><td>호스피스의 이용 계획</td><td colspan="3">[   ] 이용 의향이 있음   [   ] 이용 의향이 없음</td></tr>
<tr><td rowspan="7">사전연명의료의향서
등록기관의 설명사항 확인</td><td rowspan="6">설명
사항</td><td colspan="2">[   ] 연명의료의 시행방법 및 연명의료중단등결정에 대한 사항</td></tr>
<tr><td colspan="2">[   ] 호스피스의 선택 및 이용에 관한 사항</td></tr>
<tr><td colspan="2">[   ] 사전연명의료의향서의 효력 및 효력 상실에 관한 사항</td></tr>
<tr><td colspan="2">[   ] 사전연명의료의향서의 작성·등록·보관 및 통보에 관한 사항</td></tr>
<tr><td colspan="2">[   ] 사전연명의료의향서의 변경·철회 및 그에 따른 조치에 관한 사항</td></tr>
<tr><td colspan="2">[   ] 등록기관의 폐업·휴업 및 지정 취소에 따른 기록의 이관에 관한 사항</td></tr>
<tr><td>확인</td><td colspan="2">년   월   일   성명   (서명 또는 인)</td></tr>
<tr><td>환자 사망 전 열람허용 여부</td><td colspan="3">[   ] 열람 가능   [   ] 열람 거부   [   ] 그 밖의 의견</td></tr>
<tr><td>사전연명의료의향서
보관방법</td><td colspan="3">[   ] 본 서식은 법 시행 전 시범사업으로 작성되었음에 대한 설명을 듣고 법 시행 후 (2018.2)
국립명의료관리기관에서 운영하는 연명의료 결정 관련 등록시스템에 보관되는 것에 동의함</td></tr>
<tr><td rowspan="2">사전연명의료의향서
등록기관 및 상담자</td><td colspan="3">기관 명칭 :   소재지 :</td></tr>
<tr><td colspan="3">상담자 성명 :   전화번호 :</td></tr>
<tr><td colspan="4">본인은 「호스피스·완화의료 및 임종과정의 환자에 대한 연명의료결정에 관한 법률」 제12조 및 같은 법 시행규칙 제8조에 따라 위와 같은 내용을 직접 작성하였습니다.

          작성일   년   월   일
          작성자   (서명 또는 인)

          등록일   년   월   일
          등록자   (서명 또는 인)</td></tr>
</table>

자료 : 보건복지부(2017. 12.), 연명의료결정제도 안내.

사전연명의료의향서 작성요령

① 작성된 사전연명의료의향서를 해당 등록기관 내에서 관리하기 위하여 부여하는 번호로 각각의 등록기관에서 정한 등록번호 부여체계에 따라 부여함. 하나의 등록기관에서 작성된 서식은 동일한 부여체계 하에서 등록번호가 부여되는 것이 바람직.

② 적성자의 성명, 주민등록번호, 주소, 전화번호의 기본인적사항을 기재함, 전화번호를 핸드폰으로 기재할 경우, 등록 및 관리기관 통보 등의 정보를 문자로 제공 받을 수 있음을 안내.

③ 작성자가 상담자의 설명을 듣고 이해한 후, 작성자 스스로의 결정에 따라 향후 임종과정에 있는 환자가 되었을 때 시행하지 않거나 중단하기를 원하는 연명의료에 ✔ 표시함(중복 선택 가능).

④ 작성자가 상담자의 설명을 듣고 이해한 후, 작성자 스스로의 결정에 따라 호스피스 이용 의향이 있는지 여부에 ✔ 표시함(작성자가 결정하지 못하는 경우 표시하지 않을 수 있음).

⑤ 등록기관의 설명 의무에 관한 사항으로, 등록기관이 상담자가 하나하나 설명하고 설명이 완료된 상황에 대하여 ✔ 표시하여 빠짐없이 모든 내용을 설명하여야 함.

⑥ 작성자가 상담자의 설명 상황(⑤)을 모두 이해하였다는 점에 관하여 작성자의 서명, 또는 기명날인으로 확인을 받아야 함.

⑦ 작성자 사망 전 가족이 작성자의 연명의료계획서를 열람할 수 있는지 여부에 관한 사항으로 허요 여부를 확인하여 √표시함(그 밖의 의견이 있는 경우 공란에 표기).

⑧ 사전연명의료의향서 보관방법에 관한 사항으로 관리기관의 정보처리시스템을 통해 작성된 경우 시스템에 원본이 저장되며, 직접 수기로 작성될 경우 원본은 등록기관에서 보관하고 사본이 연명의료 정보처리시스템에 저장되므로 구분하여 작성.

⑨ 등록기관 및 상담자에 대하여 기관명, 소재지, 상담자 성명 및 연락처 등 기재함.

⑩ 작성자가 작성한 내용을 다시 한번 확인하여 본인의 의사와 동일한 경우 작성일과 작성자 성명을 기재하고 서명 또는 기명날인(이름을 직접 쓰고 도장을 찍음)을 통해 이를 확인.

⑪ 등록기관의 등록·통보 업무 담당자(등록자)가 작성된 내용을 최종적으로 확인하고, 작성에 문제가 없는 경우 등록일과 등록자 성명을 기재하고 서명 또는 기명날인(시스템을 통하는 경우, 로그인 한 등록자 서명이 전자서명 처리됨).

자료 : 국가연명의료관리기관 설립 추진단(2017.12.)

7 웰다잉 프로그램

주	단원명	강의내용	비고
1	웰다잉 핵심	웰다잉 핵심 세 가지 삶! 숨? 쉼 (오리엔테이션 및 자기소개)	
2	웰다잉이란?	웰다잉법(호스피스 완화치료와 연명의료 결정에 관한 법) (웰다잉법이란 무엇인가? 죽음 준비교육이 왜 필요한가?)	
3	노년기의 삶	노년기의 삶에 대한 이해 (나의 노년 어떻게 준비할 것인가?, 나의 노년 어떻게 변할 것인가?)	
4	행복한 삶!	나는 어떻게 살아왔는가? (자신의 삶, 되돌아보고, 들여다보고, 내다보는 인생라이프 그리기)	
5	감사하는 삶!	나의 인생에 의미 있는 삶이란 무엇인가? (나에게 주어진 시간의 가치와 의미 있는 삶 만들기)	
6	희망적인 삶!	나의 인생의 희망적인 삶이란 무엇인가? (나의 인생 숙제로 사는 삶이 아닌 축제로 사는 삶 만들기)	
7	즐거운 삶	나의 삶의 나눠주는 삶이란 무엇인가? (나눠주는 삶인 나! 도! 함! 께로 멋진 인생 만들기)	
8	사전연명 의료계획서	사전의료의향서란 무엇인가? (당하는 죽음, 맞이하는 죽음, 준비하는 죽음을 준비하자)	
9	호스피스	호스피스란 무엇인가? (호스피스에 관한 동영상 보고 인간다운 임종을 준비)	
10	자격검정	묘비명 작성 및 자격검정 (죽은 후 자신의 타인에게 기억되고 싶은 표현 작성 및 유언장 작성)	

※ 2017년 와와액티브리더십교육원 웰다잉프로그램

참고문헌

강남국(2002), 여가사회의 이해, 형설출판사.

곽한병·유성수(2010), 프로레크리에이션, 티앤디플러스.

김경철(1991), 여가와 레크리에이션, 보경문화사.

김광득(1997), 여가와 현대사회, 백산출판사.

김동섭(1992), 스트레칭 유연성 및 기초체력에 미치는 영향, 조선대학교 대학원 석사학위 논문.

김명조(1992), 레크리에이션원리, 형설출판사.

김민규(2006), 노인주거복지시설 여가공간의 건축계획에 관한 연구, 미간행 석사학위 논문, 인제대학교
　　　대학원, 김해.

김사헌(1997), 관광경제학신론, 일신사.

김석기(2012), 노인여가 복지시설 생활체육 프로그램의 정책적 방향 연구, 한국체육정책학회지, 10(2):
　　　147-165.

김선희(2005), 피부미용경락 및 비만체형관리 방법에 따른 상승효과 연구, 숙명여대원격대학원 석사학
　　　위 논문.

김성순(1985), 노인복지론, 서울 : 이우출판사

김애희(2010), 웃음활동을 병행한 집단미술치료가 방과 후 보육교실 아동의 스트레스 대처능력, 사회적
　　　지지 및 생활만족도에 미치는 효과, 영남대학교 대학원 박사학위 논문.

김양례(2006), 노인의 생활체육 참가와 건강평가 및 자아존중감에 관한 연구.

김오중(2000), 여가·레크리에이션 총론, 서울 : 대경북스

김종성(2005), 춤추는 뇌, 서울 : 사이언스 북스.

남기민(2007). 미국 노인복지의 동향과 전망, (사)충청노인복지개발회, 제7회 노인복지세미나 자료집, 1-18.

노만커즌즈(1996, 이정식 옮김), 희망, 웃음과 치료, 범양사 출판

라종섭(1998), 핸드게임백과, 한국어린이교육선교회.

명봉호·정의정(2006), 치료레크리에이션, 백산출판사.

박만상(1997), 정신분자생물학(한국인의 두뇌개발5), 서울 : 지식산업사

박만상(2007), 총명한 두뇌만들기, 서울 : 지식산업사.

박종천(2010), 고령화사회 노인 여가활동의 지역적 특성에 관한 연구, 미간행 박사학위 논문, 전남대학교 대학원, 광주.

박창규·엄서호(1997), 레저의 개념화에 관한 연구, 관광산업학회지, 11: 155-167.

박창열 외(1999), 치료레크리에이션, 수화레크리에이션, 일신서적출판사, p. 166.

배정희(2007), 노후설계프로그램, 도서출판.

서병숙(1995), 노인연구, 교문사.

서울학교병원(2013), 2013년 치매노인유병률 조사.

유성수(2008), 레크복음 땅끝까지, 경향문화사.

유성수(2016), 액티브스피치, 범한출판사.

이경순·김부덕(1995), 웃음경영에 관한 연구, 삼육대학교 논문집, 27: 143-149.

이철원(2002), 현대여가학, 대한미디어

임난영·송경애·홍영혜·김종임·김경희·조남옥·한경순(2001), 보완 대체요법과 간호.

임송자·송선희(2012), 죽음에 대한 태도가 죽음불안에 미치는 영향, 한국콘텐츠학위논문지, 12(5): 243-255.

장덕찬·박상법(2011), 시각 및 촉각 정보처리를 요구하는 손가락 운동이 대뇌 피질의 활성화 패턴에 미치는 영향, 한국체육학회지, 50(3): 239-251.

장현달(2002), 중소규모 노인요양시설의 여가 공간 계획에 관한 연구, 미간행 석사학위 논문, 한양대학교 산업대학원, 서울.

정종순(2007), 웃음치료 프로그램의 효과에 대한 연구, 조선대학교 대학원 석사 학위논문.

정종진(2004), 데니슨 두뇌체조법, 서울 : 한언

조근종(2000), 노인의 사회활동 참여와 사회적지지 및 일상생활 수행능력의 관계, 한국체육학회지, 39(3): 198-207.

조주연(1998), 학습 및 기억에 대한 인지과학적 발견의 교육적 적용, 초등교육연구, 12(2): 5-27.

조주연(2001), 뇌과학에 기초한 창의성 교육의 원리와 방향, 서울교육대학교 학생생활연구, 27: 115-141.

조현호(2001), 여가론, 대왕사.

채준안·이준우(2007), 치료레크리에이션의 이해와 실천, 도서출판 파란마음.

최성재·장인협(2003), 노인복지학. 서울대학교출판부.

최순남(1989), 현대사회와 노인복지, 홍익재.

최순남(2007), 현대노인복지론, 서울 : 법문사.

최영남(2009), 웃음치료 프로그램의 사회복지 적용에 관한 연구, 명지대학교 대학원 석사학위 논문.

하라다레이지(2011), 써먹는 심리학, 진선book.

한나영(2002), 좋은 죽음에 대한 노인들의 인식, 가정의학회, 23(6): 769-777.

홍숙자(2010), 노인학 개론, 도서출판 하우.

홍연숙(2005), 성인여성의 라이프 스타일에 따른 피부관리 및 체형관리 실태조사연구, 성신여대 문화산업대학원 석사학위 논문.

21세기 정치학대사전, 정치학대사전편찬위원회, 한국사전연구사.

가위바위보 게임의 유래, 한국가위보협회.

국가별 가위, 바위, 보, 네이버-지식인 자료.

단동십훈(檀童十訓), 도리도리 잼잼.

통계청

정부간행물

보건복지부(2012), 국가치매관리 종합계획.

보건복지부(2014), 노인 여가 및 사회활동 참여 활성화(현황).

보건복지부(2014), 국가치매관린 위원회 개최.

보건복지부(2017. 12), 연명의료결정제도 안내.

사연연명의료의향서 등록기관용(2017. 12), 보건복지부, 국립연명의료관리기관 설립추진단.

삼성서울병원 건강칼럼, 삼성서울병원 치매체크리스트.

통계청(2008), 고령자 통계.

통계청(2014), 생명표.

통계청(2015), 장래인구추계 결과.

통계청(2015~16), 국가별총부양비 비교.

통계청(2015~16), 통계청 장래인구 추계.

[네이버 지식백과] 치매와 경도 인지 장애 [dementia & mild cognitive impairment] (심리학용어사
전, 2014. 4., 한국심리학회)

KGSS(2007), 종합사회조사.

Archer, B. H.(1973), "The Impact of Domestic Tourism," Bangor Occasional Papers in
Economics, No. 2, Univ. of Wales Press.

Atchley, R. C.(1994), Social forces and aging: An introduction to social gerontology (6th Ed).
Belmont, CA: Wadsworth Publishing Company.

Bachman, D. L., Wolf, P. A., Linn, R., Knoefel, J. E., Cobb, J., Belanger, A., D'Agostino, R. B., &
White, L. R.(1992), Prevalence of dementia and probable senile dementia of the
Alzheimer type in the Framingham Study. Neurology. 42: 115-119.

Bammel, G., & Bammel, L. L.(1996), Leisure and human behavior(3rd ed.) . Madison Dubuque,
IA: Brown & Benchmark.

Beaver, M. L.(1983), Human Servic Pratice with the Elderly, Prentice-Hall.

Birren, J. E.(1959), Principles of Research on Aging. in J. E. Birren(ed). Handbook of Aad the

Individure. University of Chicago Press.

Bnownell, K. D. & Kramer, F. M.(1989), Behaviora mangement of obesity. Med clin Northam.

Breen(1976), Aging and the Field of Medicine. New York; Wiley.

Breen, L. B.(1976), Aging and the Field of Medicine. New York: Wiley.

Breen, Z. L.(1960), The aging individual. In. Tibbitts. C.I (Ed.0, Handbook of Social Gerontology ; University of chicago Press.

Brightbill, Charles K.(1963), The Challenge of Leisure, Englewood Cliffs, New Jersey: Prentice-Hall.

Browing, S. bldck, S. & Mcgrath, G.(1983), Humor in group Psychology, British Joumal of Medical Psychology.

Burns, A., & Iliffe, S.(2009), Alzheimer's disease, BMJ. 338, b158.

Butler, G. D.(1965), Pioneer in Public Recreation, Minneapolis, MN: Burgess Pub.

Campball, A., Convers, P. E., & Rodgers, W. L.(1976), The quality of American life. New York: Russel Sage Foundation.

Carter, M. J.(1985). Van Andel, G. E. & Robb, G. M. "Therapeutic APractical Approach"- Times Morror/Mosby College Publishin.

Carter, M. J., Van Andel, G. E. & Robb, G. M.(1995). Therapeutic Recreation: A Practical Approach (2nd ed). Prospect Heights, IL: Waveland Press, Inc.

Clawson, Marior & J. Knetsch(1966), Economics of Outdoor Recreation, Baltimore: The Johns Hopkins Press.

Cousins, N.(1979), Anatomy of an illness as perceived by the patient : reflections on healing and regeneration. New York : Norton.

Crawford, J . G.(1996), Alzheimer's disease risk factors as related to cerebral blood flow. Med Hypot heses , 46(4): 367-377 .

Dennison, P. E., & Dennison, G. E.(1989). Braingym, teacher's edition(Revised). Ventura, CA: Edu Kinesthetics, Inc.

Fairchild, H. P.(1944), The Dictionary of Sociology, New York: Philosophical Library.

Floyd, M. F., & Grammann, J. H.(1997), Experience-based setting management : Implications for market segmentation of hunter s. Leisure Sciences, 19: 113-127.

Fraser, J., & Kerr, J. R.(1993), Psychophysiological effects of back massage on elderly institutionalized patients. Journal of Advanced Nursing, 18: 238-245.

Fratiglioni, L., De Ronchi, D., & Aquero-Torres, H.(1999), Worldwide prevalence and incidence of dementia. Drugs & Aging. 15: 365-375.

Fry, W. F. and Savin, M.(1992), The physiological effects of humor mirth, laughter,", JAMA, 267(13): 857-858.

Fry, W., Rader, C.(1977), The respirarory components of mirthful laughter. Journal of Biological Psycholgy, 19(2): 39-50(b).

Goodheart, Annette(1994), Laughter Therapy. Less Stree Press.

Hannaford, C.(1995). Smartmoves: Why learning isnotallin yourhead. Arlington: Great Ocean Publishers.

havighurst, R. J.(1952), Development tasks and education. New York: Mckay.

Havighurst, R. J.(1977), A social Psychological Perspective on Aiging, Let's about Aging, A book of Reading. J. R. Barry and Wingrove(eds), N. Y. Schenkman Pub, 139-148.

Havighurst, R. J.(1998), Leisure and Aging. in Hoffman, A. M. & Bchill, W. O.(eds.). The Daily Needs and Interest of Old People. 301-322.

Hewscher, j. E.(1980), The role of Humor, and folklore themes in Psychotherapy, Americant Journal of psychiatry.

http://apps.who.int/classifications/icd10/browse/2010/en

Iso-Ahola, S. E.(1981), The social psychology of leisure and recreation Dubuque, IA: Wm. C. Brown.

Kaplan, A.(1964), The Conduct of Inquiry, San Francisco: Chandler.

Kaplan, M.(1960), The Uses of Lesuire, HandBook of Social Gerontology.

Kaplan, M.(1960). The Uses of Leisure. in Tibbits, C.(ed.). Handbook of Social Gerontology. Chicago University Press, 407-443.

Kelly, J. R. Freedom to Be; A New Sociology of Leisure, N. Y. : Macmilan

Kraus, R.(1981), Recreation and Leisure in Mordern Society, Glenview, IL: Scott, Foresman and Co.

Kraus, R.(1990), Recreation and Leisure in Modern Society, 4th ed., New York: Harper Collins.

L. Z. Breen, Hand Book of Social Gerontology, Chicago Univ of Chicago Press, 1960. M. Bromwick and A. G. Hopueeood, Accounting Standards Setting An International Perspective (New York : Pitman, 1983).

Lee, D. Y., Lee, J. H., Ju, Y. S., Lee, K. U., Kim, K. W., Jhoo, J. H., Yoon, J. C., Ha, J., & Woo, J. I. (2002). The prevalence of dementia in older people in an urban population of Korea the Seoul study. Journal of the American Geriatrics Society, 50: 1233-1239.

MacLean, P. D.(1990), The Triune Briain in Evolution: Role in paleocerebral functions, New York: Plennunm Press.

Matiln, M. W.(2004), Cognition, 6th edition, JohnWiley & Sons. 민윤기(역)(2007), 인지심리학 제6판, 서울 : 박학사.

McCarthy, J.(1986), Applications of circumscription to formalizing common-sense knowledge. Artificial Intelligence, 28(1): 89-116.

Mendez, M. F., Clark, D. G., Shapira, J. S., & Cummings, J. L.(2003), Speech and language in progressive nonfluent aphasia compared with early Alzheimer's disease. Neurology. 61(8): 1108-1113.

Messi, C.(1989). The massage therapist in rehabilitation. Rehabilitation Nursing, 14(3): 137-138.

Mundy, J. & C. Odum(1979), Leisure Education: Theory and Practice, New York: John Wiley & Sons.

Mundy, J.(2000), Leisure Education: Theory and Practice, Sagamore Pub.

Neugarten, B. L., Havighurt, R. J., & Tobin, S. S.(1961). The Measurement of Lige Satisfaction, Journal of Gerontology, 16(2): 134-143.

Peterson, C. A. and Stumbo, N. J.(2000). Therapeutic Recreation Program Design-A Principle and Procedures, needham Heights; Allyn Bacon, p. 81.

NTRS(1989), Statement of Philosophy of Therapeutic Recreation Service, Arlington, VA.

Palmer, L.(September 1980). Auditory discrimination through vestibulo-cochlear stimulation. Academic Therapy, 16(1): 55-70.

Parker, S.(1970), Leisure: The Basis of Leisure London: Faber.

Samdahl, D. M.(1992). Leisure in our lives: Exploring the common leisure occasion. Journal of Leisure Research, 24: 19-32.

Shank, J. W. & Kennedy, D. W.(1979), Recreation and Leisure Counselling: A Review, Rehabilitaion Literature, 37(9).

Shephard, R. J.(1997). Aging Physical Activity and Health. Urbana Champaign, IL: Human Kinetics.

Siegenthaler, K. L., & O'Dell, I.(2000). Leisure attitude, leisure satisfaction, and perceived freedom in leisure within family dyads. Leisure Sciences, 22: 281-296.

Snyder, M., E. C. & Burns, K. R.(1995), Effects df hand massage in decresing agitation behaviors associated with care activities in persons with dmentia Geriated Nursing, 1692, 60-63.

Tauch, H., Sato, T., Watanabe, T.(1999), Japanese centenarian-medical reseach for the final stage of human aging. Aichi University.

Turner, V.(1969), The Ritual Process, Chicago: Aldine.

WHO. The World Health report 1998-Life in the 21st Century. A Vision for All. WHO (2010).

Zhou, S., Zhang, Z., & Xu, G.(2014), Notable epigenetic role of hyper homocyste inemia in atherogenesis. Lipids Health Dis. 13,134.

[유 성 수]

- 경기대학교 대학원 레저스포츠 컨설팅과 석사 졸업
- 경기대학교 대학원 레저스포츠학과 박사 졸업
- 현) 와와액티브리더십교육원 원장
- 현) 남서울와와스피치센터 소장
- 현) 나바꿈교육코칭연구소 소장
- 현) 남서울대학교 교양학부스피치 교수
- 현) 남서울평생교육원 리더십 최고위 명강사과정 주임교수
- 현) 연세대학교 미래교육원 책임강사
- 저서 : 레크복음 땅끝까지(2008)
  프로레크리에이션(2010)
  실버레(뇌)크리에이션(2011)
  액티브스피치(2016)
  나바꿈스피치(2017)

[유 승 숙]

- 현) 와와액티브리더십교육원 부원장
- 현) 남서울와와스피치센터 부소장
- 현) 남서울대학교 교양학부 스피치 교수
- 현) 남서울평생교육원 스피치 주임교수
- 현) 남서울평생교육원 치매예방두뇌코칭 주임교수

[김 성 희]

- 현) 와와액티브리더십교육원 실장
- 현) 와와 기독놀이 연구소 부소장
- 현) 남서울평생교육원 교회레크리에이션 주임교수
- 현) 101가지 와와 손놀이 비디오 저자
- 현) 전국 교회레크리에이션 명강사

실버 레(뇌)크리에이션

초   판 발행 2011년 2월 22일
개 정 판 발행 2013년 7월 15일
개 정 3판 발행 2018년 6월 10일
개 정 3판 2쇄 발행 2019년 9월 20일

지은이 유성수, 유승숙, 김성희 공저
발행인 이낙용

발행처 도서출판 범한
등록   1995년 10월 12일(제2-2056)
주소   10579 경기도 고양시 덕양구 통일로 374 우남상가-102호
전화   (02) 2278-6195
팩스   (02) 2268-9167
메일   bumhanp@hanmail.net
홈페이지 www.bumhanp.com
일러스트 반상직, 김동연

정가 20,000원   ISBN 979-11-5596-143-8 03690